陈式太极拳内功心法

王永其 著

人民体育出版社

作者简介

作者（前排居中）与弟子们合影

王永其（1943— ），北京陈式太极拳第四代传人，师承太极名家田秋田、韩奎元，并得到太极大师冯志强的教诲，学得混元太极和太极推手。现任北京市武术协会陈式太极拳研究会副秘书长、华城武术社副社长、辅导站站长。

作者自幼酷爱武术和书法，现为中国书画家协会理事，中华书画学会会员、副主席，华夏夕阳红书画协会理事。长期以来任某期刊主编，从事编辑工作，有幸接触、采访中国传统武术名家。与孙力合作先后挖掘、整理了多个传统武术拳种的套路，使濒于失传的古老拳种有了系统的文字阐述；并在全国性大型武术期刊上发表了大量著述，其文章有：《稀世秘传的无极拳》（发表于《武魂》杂志1987年第3期）、《无极拳空练十八则功法图解》（发表于《武魂》杂志1987年第3期）、《无极门伤科救治》（发表于《武魂》杂志1980年第6期）、《连环绵掌九十九势》（发表于《精武》杂志1996—1997年连载）、《神枪徐四爷》（发表于《武魂》杂志1994年第6期）、《陈式太极十三剑四十八势》（发表于《精武》杂志2000年第1期）、《"太极一人"陈发科》（发表于《精武》杂志2008年第12期)等。

　　作者不仅武术著述丰富，自20世纪80年代初开始潜心钻研陈式太极拳拳理、拳法，并勇于实践，严以治学。所授弟子、学员在国际、国内武术重大比赛中获得突出的成绩。仅2007年、2008年先后在"香港首届国际太极拳邀请赛""第7届北京国际太极拳邀请赛""邯郸第11届国际太极拳邀请赛""北京市'浙商杯'武术太极拳邀请赛""北京体育大学第2届全国传统武术拳种比赛交流大会"等大型武术比赛中共荣获名次奖项40项，其中前三名有：9个第一名（含金牌5枚）、7个第二名（含银牌2枚）、13个第三名（含铜牌4枚）。

　　本书撰写、编辑的内容是近年来的研究成果、心得及感悟，望能与太极同仁们共同交流、切磋。

前言

"太极一人"陈发科
开创北京陈式太极拳新纪元

（代前言）

北京陈式太极拳（亦称北京架）源于河南省温县陈家沟。自清初陈王廷造拳以来，经五代传至陈长兴，又产生了陈式新架，因而陈式太极拳有了老架、新架之分。

陈长兴之曾孙陈发科于1928年应邀进京授拳，广收弟子，并经三代弟子的传承和发扬光大，完成了由"陈氏太极拳"向"陈式太极拳"的转变。陈发科成为北京陈式太极拳"一代宗师"。

应邀进京　成为"太极一人"

陈发科（1887—1957年），字福生，陈氏十七世，陈长兴四世孙，师承乃父陈延熙。1928年陈发科应邀进京（当时为北平）授拳时，结识了许多武术名家高手，在拳术交流中显示了他高深的太极技艺，功夫纯厚，他推手拿、跌、掷放，兼施并用，以"挨着何处何处击，将人击出不见形"的绝技受到北京武术界的叹服，陈式太极拳的本来面貌始为外界所认识。

太极名家许禹生在一次主持北平的武术比赛时，特邀陈发科为顾问。在研究打擂比赛时，有人提出15分钟为限。陈说比赛时间太长，并说："口中只念一、二、三就够了！"东北大学武术教师李剑华犹豫道："能那么快吗？"陈笑笑说："咱们试试。"于是李进招，李出掌刚至胸前，只见陈闪电般发劲，将李打出尺许撞在墙上，在场之人无不惊服。

曾有武术诗人杨敞写诗赞曰："都门太极旧尊杨，迟缓柔和擅胜场，不意陈君标异帜，缠丝劲势特别强。"当时，许多颇有造诣的知名人士，如京剧泰斗杨小楼，以及许禹生、李剑华、唐豪、刘瑞苾等人纷纷前来拜师求艺。

陈发科为人谦虚忠厚，他总以"谦受益，满招损"和"已所不欲，勿施于人"为座右铭教导弟子。在武术界交往中，谈到技艺时，他总是操着浓重的河南口音谦虚地说："我不中。"因而，武术界送他雅号"陈不中"。陈发科武德高尚，谦虚待人，受到北京武术界的尊敬，特赠银盾一尊，镌刻"太极一人"以示敬仰。

完成由"陈氏"向"陈式"转变

陈发科进京授拳近三十年，在原陈氏太极拳的基础上，不断提高、发展。在动作上加强了"螺旋缠绕，蓄而后发"，设计了新的拳势，将原来74势发展成83势。现在全国普遍流行的陈式太极拳83势就是陈发科所定之势。

1953年陈发科和著名拳师胡跃贞共同创办了"首都武术社"，使陈式太极拳得到广泛的发展，为陈式太极拳培养了一批杰出的人才。如田秀臣、冯志强、洪均生、李经梧、肖庆林、雷慕尼、杨易辰、侯志宜、孙枫秋等，并有一批弟子还担任了省市武协的领导职务。为把陈式太极拳传向全国奠定了基础。

陈发科的弟子继承师志，于20世纪50年代开始，弟子侯志宜、雷慕尼、孙枫秋、田秀臣、洪均生、李经梧、杨易辰等，先后在北京、上海、南京、郑州、济南、石家庄、西安、焦作、北戴河等地设点授拳。

弟子田秀臣应邀到北京体育学院教学，使流传民间的陈式太极拳进入高等学府，从而体育学院设立了陈式太极拳的课程，培养出不少优秀运动员。

陈发科及其弟子经过几十年的努力，将禁锢在家族中的"陈氏太极拳"，完成了向"陈式太极拳"的转变，将陈氏太极拳变成社会大众锻炼身体的一种拳种，从而开创了北京陈式太极拳新纪元。这是陈发科杰出的一大贡献。

桃李满天下 享誉全世界

1957年陈发科逝世后，他的弟子李剑华、唐豪、顾留馨、李经梧、陈照奎等着手编写《陈式太极拳》一书，于1963年由沈家桢、顾留馨编著出版。从出版至今行销四十多年常盛不衰。

北京陈式太极拳在全国得到推广的同时，拳的套路上也有了新的发展，在原有陈式太极拳一路（83势）、二路（71势）的基础上，田秀臣、阚桂香合编了《简化陈式太极拳》；冯志强编著了《精练陈式太极拳》；潘厚成整理了《陈式太极拳入门》；阚桂香主编了《陈式太极拳竞赛套路》等，这些套路的出现极大地丰富了陈式太极拳学习、演练的内容，广泛深入地推动了陈式太极拳的发展。

近些年来，北京陈式太极拳发展很快，1983年北京成立了"陈式太极拳研究会"，由他的弟子冯志强担任会长，先后在北京各大公园成立了辅导站、活动站。通过拳术交流，技术理论研讨、培训、表演比赛等方式，每年都教授大批的学员，使北京陈式太极拳得到广泛的发展。经过几代人的努力，完全完成了"陈氏太极拳"向"陈式太极拳"的过渡和转变。

改革开放以后，北京陈式太极拳迅速走向世界。全国十大名师之首冯志强继承先师陈发科的高超技艺和高尚武德，成为第一个把北京陈式太极拳传到国外的人，先后到美国、墨西哥、瑞典、新加坡、日本等国传授陈式太极拳，他以高超的技艺战胜了许多外国著名拳师。多年来，在与外国拳师交流中从无败绩，为国争了光。

目前，北京陈式太极拳得到空前发展，已传遍全国和世界，受到国内外武术爱好者的喜爱和欢迎。

田秋田
2011年2月

自 序

　　传统武术是中华传统文化的一枝璀璨的奇葩，广泛地继承、发展和弘扬传统武术文化是时代的呼唤。中华民族受益于改革开放30年的成果，物质生活有了极大提高，目前人们的文化生活、精神生活也极需丰富，健康水平更需提高到现代人的健康标准。编撰出版《陈式太极拳内功心法》一书其目的就是为了继承、发展和弘扬中华传统武术文化，造福于炎黄子孙。帮助人们修身养性、强身健体、陶冶情操、启智益悟、延年益寿，以求提高人体生命质量。

　　《陈式太极拳内功心法》全书内容分成"拳理"和"拳法"两大部分。

　　"拳理"部分，详细阐述了"太极内功心法"和"太极拳四大要论"。

　　"内功心法"，历代拳家都把它视为"至人传，非人远，万两黄金不肯传的秘笈"，因而精其法者甚微。此书详析了内功"大小周天"的通络方法，以及深层次地研讨了太极拳"拳势呼吸法""太极拳成势人体各部位之规矩"和"太极拳缠丝解"等，这些问题均是一些习拳者长期困扰的难题。

　　"太极内功心法"源于道家"内丹修炼术"。易理和中医经络知识是其文化基础，其核心是"炼精化气，炼气化神，炼神还虚"。掌握此法，必须从两个方面入手。

　　其一，须过好"欲关"。儒家提倡"善养心者在寡欲，寡之又寡，以至于无，则心存而性存，气不必言矣"。道家称此为"顺者生人，逆者成仙"。

　　其二，须运用唯物辩证法指导练内功。练拳习武之人，应该是一个辩证唯物主义者。承认物质（元气）是第一性的，精神（意念）是第二性的，同时也承认精神（意念）对物质（元气）的反作用。元气需按意念的导引，通过引气、养气、炼气、聚气、凝气，使人身元气发生质变，即产生一次飞跃。这种"飞跃"，不是成仙成佛，而是将"元气"转化为另一种形态——螺旋劲（内劲）。

　　"拳法"部分，阐释和剖析了陈式太极拳（北京架）两种拳套，一是"陈式太极拳第一路"，二是"陈式太极拳精练拳四十六势"。

本书所撰编的拳套，其内容不是简单的重复先人前辈所传拳之套路。在编撰过程中，依据陈鑫所著《陈氏太极拳图说》一书"序"中提倡的"开卷有益"三原则，即：一是借助此书了解陈式太极拳，吸取其中精华以丰富个人所学；二是借鉴和仿效此书的编撰体例和表述方法，以完善自家之学；三是从武术整体角度进行比较，以获取更多体悟，拓展更广的视野。本书以此"三原则"为导向，巧妙地借鉴了《陈氏太极拳图说》一书的编撰体例和表述方法。运用易理和中医经络知识对运动气机、内气运行、缠丝劲（内劲）运用，以及外形运动方法、内劲运行方法、动作攻防作用、身体各部位的规矩等清晰细微地进行了阐释；结合拳理深入浅出地进行了剖析。并吸取陈鑫"以诀示要"的手法，引用前人"歌诀"和"韵语"进行表述，以增强此书的可读性，进一步帮助读者领悟"陈式太极拳内功心法"的技法、练法和功能。

编撰"陈式太极拳精练拳四十六式"，其目的是为了适应国内、国际太极拳赛事。此套路行拳时间，按照竞赛规定的时间为4~6分钟。

此套拳以"一路"柔势为主，补充了"二路"中的一些刚势；并以"低架""型美""规矩"等特点，在国内、国际太极拳重大赛事中得到检验。仅2007年、2008年两年间，所授弟子、学员在国内、国际太极拳大赛中荣获40个奖项。

太极拳是"终身不尽之艺"。此书的出版希冀广大太极拳爱好者能从中得到启迪。

作者
2011年2月28日于北京

目　录

陈式太极拳·北京架　拳理

第一章　太极内功心法 ……………………………………（3）

一、内功心法要略 ……………………………………（3）
（一）明经气 …………………………………………（3）
（二）明呼吸 …………………………………………（4）
（三）明功法 …………………………………………（6）
（四）明功理 …………………………………………（11）

二、任督二脉"小周天"功法指要 …………………（11）
（一）任脉、督脉 ……………………………………（12）
（二）任督冲关内气由来 ……………………………（15）
（三）练功姿势与时间 ………………………………（15）
（四）任督"小周天"功法 …………………………（16）

三、十二经脉"大周天"功法图说 …………………（17）
（一）人体十二经脉循行之理 ………………………（17）
（二）"大周天"通络功法十四式 …………………（19）

四、"大周天"真义论 ………………………………（46）
（一）认知十二经脉共同的循行规律 ………………（46）
（二）认知"大周天"手足三阴三阳"一气贯通，并行不悖"之理
　　　……………………………………………………（46）
（三）认知掌握"运使之疾"，贵在苦练 …………（47）

五、"炼神还虚"，回归无极 ………………………（49）
（一）心意虚静，物我两忘 …………………………（49）
（二）体势虚静，静极生动 …………………………（50）

（三）无形无象，还无极之初 …………………………（50）

第二章　太极拳四大要论 …………………………………（53）

　一、论太极拳拳理源于"无极" ………………………………（53）
　　（一）古太极图 …………………………………………（53）
　　（二）周氏太极图 ………………………………………（54）
　　（三）太极拳拳理源于"无极"之原因 ………………（56）
　二、论拳势呼吸法 ……………………………………………（57）
　　（一）太极拳第一层功夫"熟练拳架"阶段，呼吸方式为自然呼吸
　　　………………………………………………………（58）
　　（二）太极拳第二层功夫"疏经引气"阶段，呼吸方式为逆呼吸
　　　………………………………………………………（59）
　　（三）太极拳第三层功夫"内外相合"阶段，呼吸方式为丹田呼吸
　　　………………………………………………………（60）
　　（四）太极拳第四层功夫"周身一家"阶段，呼吸方式为胎息（脐息）
　　　………………………………………………………（61）
　　（五）太极拳第五层功夫"形归无迹"阶段，呼吸方式为体呼吸
　　　………………………………………………………（63）
　三、论太极拳成势人体各部位之规矩 ………………………（64）
　　（一）头部 ………………………………………………（65）
　　（二）眼部 ………………………………………………（65）
　　（三）颈部 ………………………………………………（66）
　　（四）肩部 ………………………………………………（66）
　　（五）臂部 ………………………………………………（66）
　　（六）手部 ………………………………………………（67）
　　（七）胸部 ………………………………………………（67）
　　（八）腰部 ………………………………………………（68）
　　（九）臀部 ………………………………………………（68）
　　（十）腿部 ………………………………………………（69）
　　（十一）膝部 ……………………………………………（69）
　　（十二）足部 ……………………………………………（70）
　　（十三）肘部 ……………………………………………（70）

（十四）裆部 …………………………………………………（71）
　　（十五）胯部 …………………………………………………（71）
　　（十六）肫部 …………………………………………………（72）
　四、论太极拳缠丝解 ……………………………………………（72）
　　（一）明缠法 …………………………………………………（72）
　　（二）懂法门 …………………………………………………（74）
　　（三）知真诀 …………………………………………………（75）

陈式太极拳·北京架　拳法

第三章　陈式太极拳第一路
　　　　　——传统套路·北京架 ……………………………（79）
　一、拳势名称顺序 ………………………………………………（79）
　二、关于图解的几点说明 ………………………………………（80）
　　（一）方向 ……………………………………………………（80）
　　（二）图线 ……………………………………………………（81）
　　（三）呼吸 ……………………………………………………（81）
　　（四）角度 ……………………………………………………（81）
　　（五）幅度 ……………………………………………………（82）
　三、拳势动作图解 ………………………………………………（82）

第四章　陈式太极拳精练拳四十六式
　　　　　——传统参赛套路·北京架 ……………………（233）
　一、陈式太极拳精练拳四十六式简介 …………………………（233）
　　（一）拳架规矩 ………………………………………………（233）
　　（二）拳走低架 ………………………………………………（235）
　　（三）拳势型美 ………………………………………………（235）
　二、拳势名称顺序 ………………………………………………（236）
　三、拳势动作图解 ………………………………………………（237）

陈式太极拳

北京架 拳理

第一章　太极内功心法

内功是武术的根本，得其一而万事备。谚曰："练拳不练功，到老一场空。"没有充足的内气，武术的威力是不能体现出来的。常言道："力不敌法，法不敌功。"因此，太极拳"以功为本，以养为主，以拳为母"，三者合一，才能成功。

一、内功心法要略

太极内功心法的基础理论，在于"四明"，即：明经气、明呼吸、明功法、明功理。

（一）明经气

太极拳的文化基础是易理和中医经络知识。据医学理论，经络是人体气血、津液和新陈代谢的主要通道，经络的功能就是沟通表里、运行气血、调理阴阳、抗衡病邪、保护肌体。而太极拳属内家拳术，是一种动静两功、内外双求、性命双修、以意行气的运动。

太极拳诸功法：太极拳内功、太极拳走架、太极推手、太极节膜、拿脉、抓筋、闭穴等，都与经络及其气血运行密切相关。

太极内功第一要务，就是首先要弄清人体经络中的"气"。经络中流注的气称为"经气"，也称"内气"。它主要由元气、宗气、营气和卫气组成。

1. 元气

元气指的是先天之气，即肾气。它是指人体生命活动的根本，是经络功能活动的基础，十二经脉流注之"经气"皆本源于肾气，故称元气。

源。当五气（宗气、营气、卫气、元气和吸入的清气）归一为丹田时，就可以迸发出强大的力量。

诀曰：

丹田位脐下，三寸正中间。
调息聚关元，劲源在丹田。
意领发四梢，瘦汉担泰山。
四两拨千斤，丹田是力源。

（三）明功法

太极内功即是气功，练气者须知三原则：

古人说："用心意集中丹田内，先吸后呼，一吸百脉皆合，一呼百脉皆开，呼吸往来百脉皆通。"又说："用心意守住丹田，丹田内即生气生血，气血满足，身体健壮而百病皆愈。"所以"意守丹田"是太极内功的首要原则。

二是舌抵上腭，也称"搭桥"。谱云："舌抵上腭摄真气，气注丹田成神威。"摄气归意，意从脑施，这样才能不至于使人体宗、营、卫、元四气流散。

三是静。练功时思想要完全集中，排除一切杂念。如诗云："莫看面前仙女行，莫思门前玩活龙，莫惧金刀取首级，仿似独君深山行。"

太极内功有四种练功方法。佛家称禅功，道家称仙功，拳家称桩功。

1. 无极桩

功诀：

两足开立同肩宽，
沉肩垂臂分两边；
闭口眯视鼻尖下，
意守丹田刻不缓。

动作与意念：

练功前，先换气，即三呼三吸，吐故纳新，此称泄废气。（见图无极桩）

无极桩

练功时，先静而后运气，采用自然呼吸进行，身体保持端正，两眼微闭，目视鼻尖，舌抵上腭，意守丹田。

以意引气，气由祖窍慢慢下降，由体前任脉下行到中丹田、下丹田、会阴、再分行至两腿下降至脚心涌泉穴。身体自上而下慢慢放松，一吸一呼慢慢入静，似进入无形无象、空空洞洞的无极之境。

练功时间，每日早晨、中午、晚上均可，每次15~30分钟。

收功法，双手抱球收于小腹，右手压叠左手，逆时针由小至大旋转6个圈，然后顺时针由大至小旋转6个圈收于小腹。

2. 三圆桩

功诀：

双腿屈前如弯弓，
双臂双手环腹前；
静中浮动意不乱，
三田合一体缓然。

动作与意念：

练功前，先换气，换气方法与无极桩同。（见图三圆桩）

三圆桩

练功时，两腿分开略比肩宽，双手自体前缓缓上升，抱球于腰腹前，指尖相对，手心向里，松肩沉肘。要求臂要圆、背要圆、裆要圆，故称三圆桩。姿势可高可低，其余动作与无极桩同。

以意引气，采用逆呼吸进行，气由下丹田慢慢下降至会阴穴，然后气经尾闾上行至夹脊、玉枕、百会，运气沿面部归中丹田，然后分散两臂，下达外关（在手背、腕横纹上2寸中央处），再达指梢。下行之气与无极桩同。

练功时间为每日早晨、中午较好，初练时30分钟，逐步增至60分钟。

收功法与无极桩同。

3. 马步桩

功诀：

> 两腿分蹲如马形，
> 苦练数载功能成；
> 动则随气脑为帅，
> 意领丹田虎力生。

动作与意念：

练功前，先换气，换气方法与无极桩同。（见图马步桩）

第一章 太极内功心法

马步桩

练功时，两腿分开比肩宽，两脚五趾抓地，两小腿直立，两大腿骨弯曲如坐，与地水平，腿弯处应成直角；双掌平推出，指尖向上，含胸拔背，意守丹田。其他动作与无极桩同。

佛家认为"练气之学，以运使为效，以呼吸为功；运使之法，以马步桩为先"。马步桩是桩功的上乘功法，此功以意引气，采用深呼吸法进行。诀曰："一吸便提，息息归脐；一提便咽，水火相见。"

练功开始，先调匀呼吸，深吸清气一口，直入下丹田、腹下至会阴，转抵尾闾，即用气一提，如忍大便之状，提上腰脊、背脊，由颈直上泥丸（上丹田），从顶下至山根，入玉池，口内生津，即连津咽入中丹田，降至下丹田。如此36次毕，此为聚气。

初练马步桩者，腰、腿极度酸痛，其力不是增加，反觉减退，此称为"换力"，即是将以前之浮力、虚力全都改变。如能马步桩习之纯熟，则可气贯丹田，强若不倒之翁。

拳谚曰："运气贵于缓，用气贵于急，送去必用呼，接来必用吸，拳打不见形，要在疾中疾，此中玄妙理，只在一呼吸。"

练功时间，每日早晨、晚上较好，初练时10分钟，逐步增加到60分钟。

收功法与无极桩同。

4. 卧桩

卧桩有两种姿势，一是侧卧，二是仰卧。练功时根据每个人的习惯，可采用任何一种姿势，也可两种姿势交替使用，但在攻关时不可交替。

(1) 侧卧

身体向右，侧卧于床，两腿前屈，大腿与身体成钝角，右腿着床，左腿放右腿上，稍向前提；右掌心向上，放在右耳轮下，左掌心向下，放在左大腿根部；头稍向前勾，形似螳螂。两眼微闭，目视鼻尖，自然闭口，舌抵上腭，用鼻呼吸，意守丹田。

功诀：

> 侧身卧床形螳螂，
> 头向前勾臂稍扛。
> 右手垫在耳轮下，
> 左手放在大腿上。
> 抵腭闭口眯视详，
> 片刻工夫入静乡。

(2) 仰卧

身体仰卧于床上，两腿自然伸直，两脚尖自然外撇；两手心向下，平放两腿外侧，全身放松。两眼微闭，目视鼻尖，舌抵上腭，用鼻呼吸，意守丹田。

功诀：

> 缓卧缓伸足手顺，
> 日月循周等真机。
> 依法习功恒是终，
> 五气归宗百络通。

卧功（睡仙功）是太极内功的上乘功法，通小周天、大周天，全由此功法完成。

呼吸方法，先以自然呼吸进行调息、入静，然后进行深呼吸36次，深呼吸后转逆呼吸。

以意引气，顺小周天路线循行，小周天打通后沿大周天路线循行（大小周天循行路线后边详解）。

练功时间，此功需在子时（23~1点钟）和午时（11~13点钟）练功。

收功方式，可采用无极桩收功法，也可随入静、入睡自然收功。

（四）明功理

学内功者，需明理，理通神自明。也就是说，初学内功者，首先须知道何为"天道"、何为"人道"之理。

古人云："俗家阴阳交媾，夫妻配偶，称为人道，性灵所感，气化精而排出，受胎成形，生男育女，此曰'顺行'。"练内功则称为"天道"，曰为"逆行"。逆行者则是把精上提不能排出，炼精化气，炼气化神，炼神还虚。道家称此"顺者成人，逆者成仙"。

因而，把这种升化结果，儒家叫做"超凡入圣"；道家叫做"羽化成仙"；释家叫做"涅槃（音"盘"）成佛"；岐黄称做"真人"。由此可知，练内功者可"养生"，即可"积精""养气""全神"，此为真谛。故能使人强身健体、鹤发童颜和延年益寿。

练功还可使人增加防卫能力，武功不能离气，气者百节之源。古人云："心到意到，意到气到，气到力到，力到生效。"拳经曰："气走于膜、络、筋、脉，力出于血、肉、皮骨。故有力者皆外壮于皮骨，形也；有气者是内壮于筋脉，象也。"知气之所以然，自能知用力、行气之分别，即在于行气于筋脉，无微不到；用力于皮骨，如百炼钢。

二、任督二脉"小周天"功法指要

"小周天"，即是打通任督二脉。道家称此为"炼精化气"。历代拳家都非常看重任督二脉"小周天"，将其功法视为"至人传，非人远，万两黄金不肯传的秘笈"。

拳论云："人身之有任、督，犹天地之有子午也。""盖人能明任、督以运气保身，犹明爱民以安国。民毙国亡，任衰身谢。是以上人行导引之术，以为修仙之根本。"内功只有打通任督二脉，才能"呼吸通灵，周身罔间""一

11

身之劲，练成一家"。因而，练功之前第一要便是全面认识、掌握任督二脉。

（一）任脉、督脉

任脉、督脉与其他六条脉，即冲脉、带脉、阳跷脉、阴跷脉、阳维脉、阴维脉称为"奇经八脉"。

其中除了督脉、任脉有固定的腧穴外，其余六条经脉都未有腧穴。由于它们的循行路径不同于十二经脉，与脏腑没有直接的相互络属关系，也没有表里配合，故称"奇经"。它们交叉贯穿于十二经脉之间，具有调节气血的作用。

由于奇经八脉中的任督二脉，是太极拳内功"小周天"的行功路线，凡练内功者，都必须弄通任督二脉的功能。

医书曰："督脉由会阴而行背，任则由会阴而行腹，人身之有任督，犹天地之有子午也。"

1. 督脉

督脉在人体中气血运行范围大，层次多，深度深，表里关系复杂，与脏腑联系密切。督脉由长强穴经脊背上行至头沿额到鼻柱至喉部，故称"阳经之海"。（见督脉循行和腧穴示意图）

督脉起于尾骨尖端与肛门之中点的长强穴，终于上唇与上齿龈（音"银"）之间的龈交穴，共计28个穴，即：长强、腰腧、腰阳关、命门、悬枢、脊中、中枢、筋缩、至阳、灵台、神道、身柱、陶道、大椎、哑门、风府、脑户、强间、后顶、百会、前顶、囟会、上星、神庭、素髎（音"疗"）、人中、兑端、龈交。

2. 任脉

任脉由会阴穴沿腹上行经胸达咽喉部，故称"阴经之海"。（见任脉循行和腧穴示意图）

任脉起于阴囊与肛门（阴唇与肛门）之间的会阴穴，共计24个穴，即：会阴、曲骨、中极、关元、石门、气海、阴交、神阙、水分、下脘、建里、中脘、上脘、巨阙、鸠尾、中庭、膻中、玉堂、紫宫、华盖、璇玑、天突、廉泉、承浆。

第一章　太极内功心法

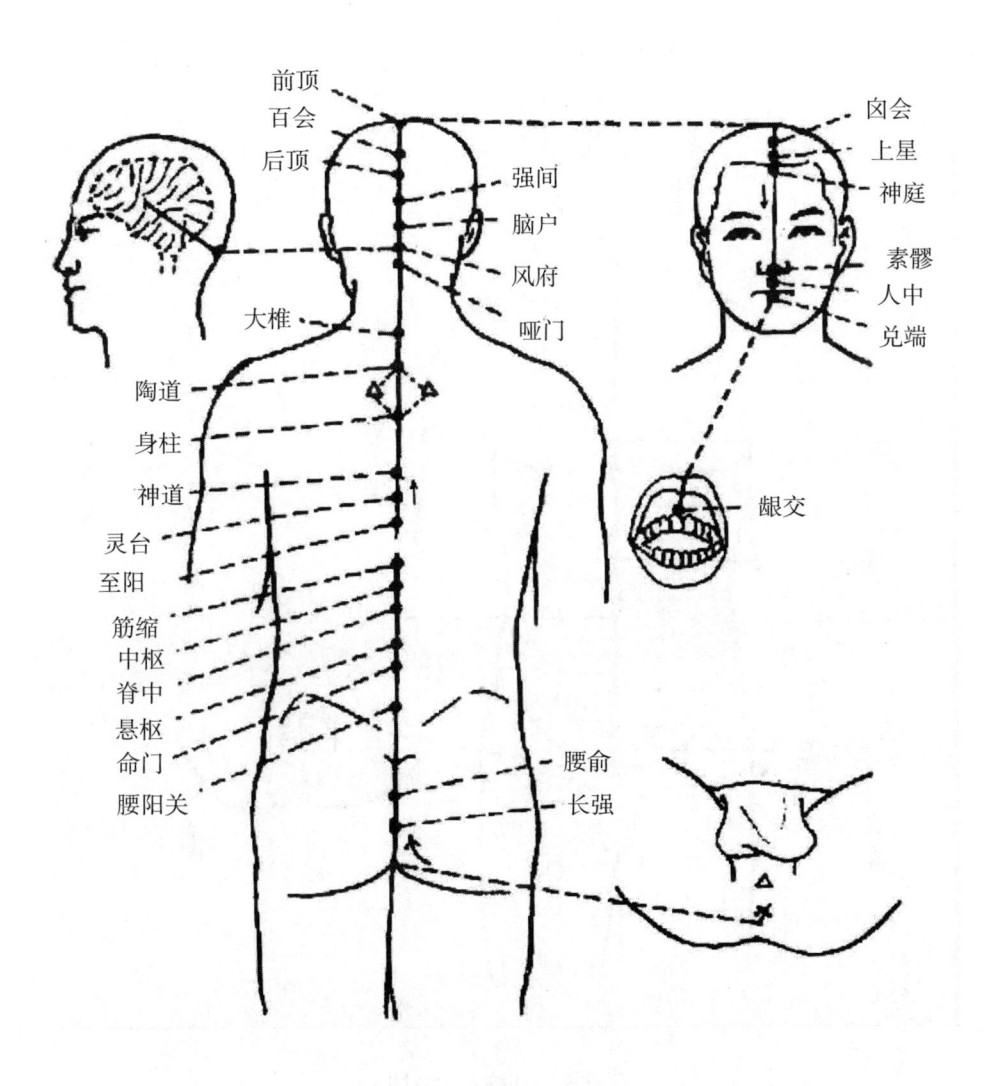

督脉循行和腧穴示意图

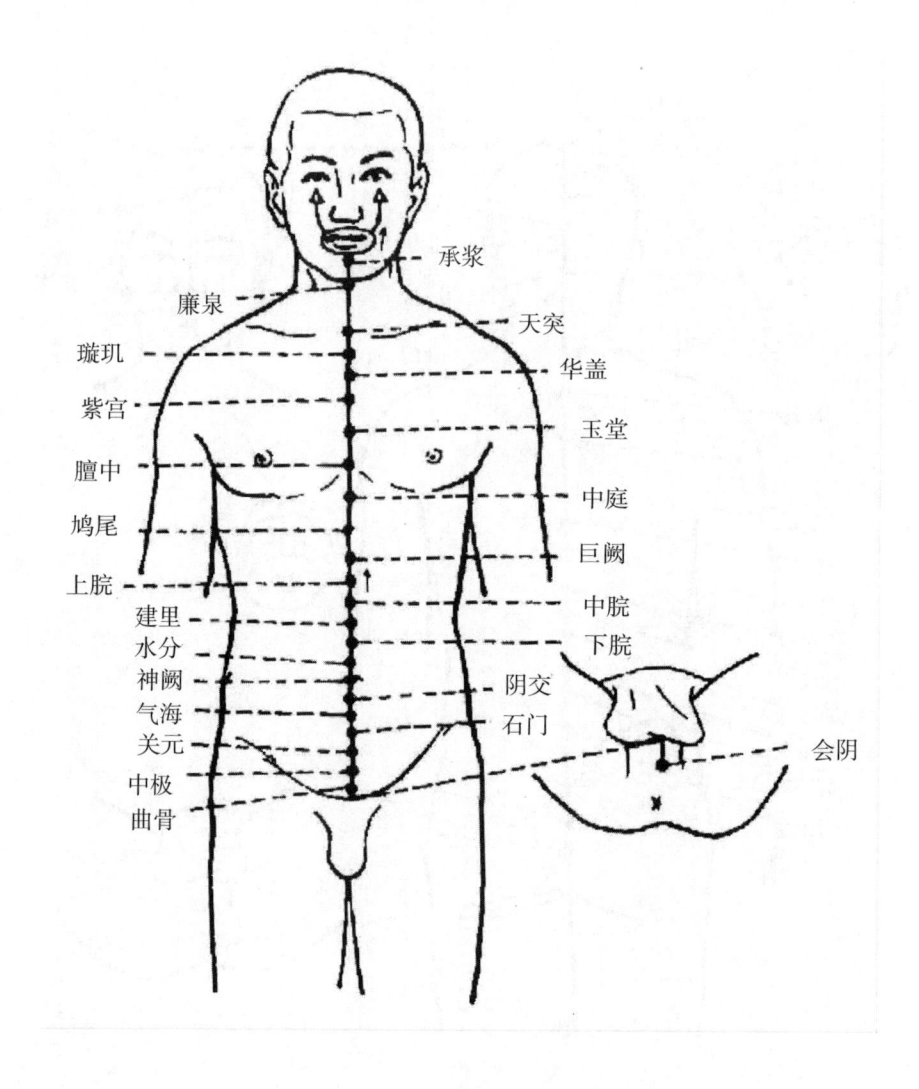

任脉循行和腧穴示意图

（二）任督冲关内气由来

拳谱云："古今习内功者，首先要知道人身气的由来，然后懂得练气行功和如何纳气分路，方可练就一身功夫。"

现代拳家把内气产生的过程和聚气的位置划定为："内气低压区"和"内气高压区"。这一划定为习功者了解内气由来提供了形象、科学的依据。

1. 内气低压区

内气低压区在腹部中脘穴下至气海穴上的较大区域内，这一范围是腹腔内脏活动的主要区域。练功初始阶段，还不能产生和聚集大量内气，因而内气气压较低，故称为"内气低压区"。

2. 内气高压区

内气高压区在下腹部，俗称下丹田，其范围在气海穴下至曲骨穴上的较小区域内。这一范围是人体生殖器区，即"炼精化气区"。通过练功，不断炼化内气、聚集内气而产生内气高压区。

"冲关"内气，是经反复多次运化，在气沉丹田、气聚丹田的过程中形成了丹田内气，同时腿部、背部也不断将内气输送到丹田内气高压区内。由于内气越来越充足，便产生了区内与区外的压力差。这种压力差在意念调控下，可使内气上下、左右、前后运行和鼓荡。通过这种运行和鼓荡，压力差也越来越大。在意念调控下，以压力差为动力，不断向尾闾冲击，这便是内气"踏破地狱之门"的聚气过程。

（三）练功姿势与时间

"静功"是太极内功重要的组成部分，其练功姿势有两种：一是站姿（称站桩）；一是卧姿（称卧桩）。佛家称为"禅功"。

静功"以静为纲，静中求动"。通任督二脉，静功采用的姿势，以卧姿为佳（仰卧或侧卧），辅以站姿（马步桩或三圆桩）。

卧姿练功，时间可长可短，无劳累之虞，入静也快。

功诀：

> 侧仰姿势练静功，
> 全身内外要放松。
> 二目垂帘守祖窍，
> 舌抵上腭津自生。
> 深细长匀调呼吸，
> 身心两忘万籁寂。
> 脸似蚁爬丹田暖，
> 静极而动一阳现。

练功时间，选在子时最好。子时，阴盛变衰，一阳来复始之时，合道德之言，"一生二、二生三、三生万物"，定生真精元子。此时，阴气下降，阳气上升，暗合"天道"，即逆行"炼精化气"。

（四）任督"小周天"功法

"小周天"即是按阴阳循环之理，以意念引内气沿任督二脉循环周转，称"小周天"。但人体任督二脉前后有"六关"紧闭，互相不能沟通。正如拳论所云：任督二脉"脉虽贯而气不相通"。欲实现"小周天"循环周转，就须打通任督二脉。

古拳谱载：通关之法即以"炼精化气"之法诀，将欲夺关而出的元精化成元气，上走身后督脉三关，即尾闾、夹脊、玉枕（道家称为"子进阳火"），至头顶，下走任脉三田，即祖窍、降宫、炁穴，此为午退阴符。下手炼精化气，必须建立在纯静的基础上，从静极一阳初动到药产神知的二侯到来，不能有丝毫的杂念。

其关键之秘在于"下手功夫"。此功以卧姿静桩练功，先深呼吸36次，转逆呼吸行功。拳谱曰："日日行之，无差无间。""行功三百余日，督任二脉积气俱充。"练至"周身混沌，不知身之为我，我之为身"即到"静极生动"之时，忽觉"虚室生白，黑地引针""两肾如汤热，膀胱似火烧"（陈鑫语），全身如置蒸笼，大汗淋漓。出现此景即可施下部功法，令其任督二脉贯通。下手功夫诀曰：

一吸便提,
息息归脐。
一提便咽,
水火相见。

此时,外肾勃起,下手功夫即是控制精不外泄,其法:二目内视,舌抵上腭,提肛收腹,紧缩谷道,深吸一口气,引丹田内气冲向尾闾,只觉一股暖流通过尾闾直达夹脊;继而吸气,又冲过夹脊、玉枕两关,气达头顶百会穴。此时呼气一口,气从头顶经面部如瀑布泄下,通过上丹田、中丹田,达下丹田。内气沿任督二脉循环一周,此"小周天"成功矣。古拳谱云:"此练气最紧要者,谨之秘之,切无妄泄,以遭天谴。"

打通任督二脉,道家称为"踏破地狱之门",此言其难。

因而,练功时须刻苦练习、持之以恒,未用功而先期效,稍用力而即期成,这种思想要不得。少林功夫,将"苦"与"恒"称为妙诀,其意便是"无苦不成才,无恒不成功"。陈鑫明指:"理明路清,气自有神。"

三、十二经脉"大周天"功法图说

身体十二经脉实现"大周天",道家称为"炼气化神",是习武者梦寐以求之事。"大周天"通了以后,正如拳经所云:"气走于膜、络、筋、脉,力可出于血、肉、皮、骨。""以气周流全身,意到气到,气到力到,不用拙力,纯以神行,功效著矣。"

"大周天"可说是"理极精,技真难",砺苦恒志,方能获得真功。学者须先精悉经络、腧穴和气血循行之理,然后方可言功法之技。

(一)人体十二经脉循行之理

十二经脉,是人体经络的主体,内连于脏腑,外络于形体百骸,分为手、足、三阴、三阳十二条经脉。

1. 络属关系

经脉之间依据脏腑的阴阳表里关系而结成阴阳络属。五脏属阴，所以六条手、足阴经与五脏结成络属关系。即：手太阴经属肺，故称手太阴肺经；足太阴经属脾，故称足太阴脾经；手少阴经属心，故称手少阴心经；足少阴经属肾，故称足少阴肾经；手厥阴经属心包，故称手厥阴心包经；足厥阴经属肝，故称足厥阴肝经。阴经主表。六腑属阳，所以六条手、足阳经与六腑结成络属关系。即：手阳明经属大肠，故称手阳明大肠经；足阳明经属胃，故称足阳明胃经；手太阳经属小肠，故称手太阳小肠经；足太阳经属膀胱，故称足太阳膀胱经；手少阳经属三焦，故称手少阳三焦经；足少阳经属胆，故称足少阳胆经。阳经主里。每条经脉依据内连的脏腑的属性命名。

2. 循行规律

内气在人体中不断循行，十二个时辰可环流全身十二经脉一周，道家称此为"大周天"。

子午流注学认为，经行之道，有一定之规，经行之时，有一定之序。气血乃人生命之源，沿十二经脉按一定的时间循行无端，永无静止，连成一个大的循环通道。其气血循行连接的时辰是：每日人体的气血从寅时（3~5点钟）起于手太阴肺经；卯时（5~7点钟）流注入手阳明大肠经；辰时（7~9点钟）流注入足阳明胃经；巳时（9~11点钟）流注入足太阴脾经；午时（11~13点钟）流注入手少阴心经；未时（13~15点钟）流注入手太阳小肠经；申时（15~17点钟）流注入足太阳膀胱经；酉时（17~19点钟）流注入足少阴肾经；戌时（19~21点钟）流注入手厥阴心包经；亥时（21~23点钟）流注入手少阳三焦经；子时（23~1点钟）流注入足少阳胆经；丑时（1~3点钟）流注入足厥阴肝经。（见气血循行示意图）

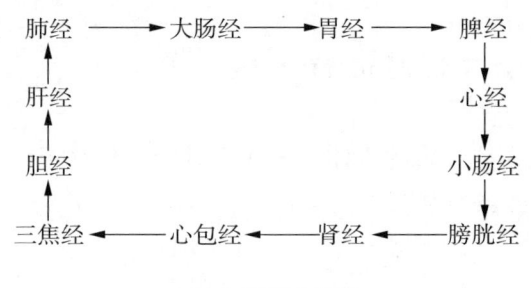

气血循行示意图

（二）"大周天"通络功法十四式

古拳谱曰：内功心法有二，"一养气，一练气。"又曰："诸功之法，练气为先。"因"练气之学以运使为效，以呼吸为功"。"即云练气，则宜勤于运使，运使之法，以马步为先（又名站桩）"。

十二经脉"大周天"通络功法，遵练气运使之法"以桩为先"之理，从拳套中选出十四个单势为功架，亦称"大周天"通络功法十四式。

其法：拳势从动到定，以定势为桩、动势辅之进行练功。"十四式"拳势桩，每式之间，没有上下起承关系，均为单势练功。

贯气，依据"人身气血，悉听于意，意行则行，意止则止"之理，按照经脉"络属关系""循行规律"和"气血流注顺序"依次对十二经脉逐条进行贯气通络。

其目的是对十二经脉之间相互联络之支脉，通过引内气不断冲击其淤滞，达到"气周流全身，意到气至"，提高"气到力到""疾迅谁能敌"之技击能力，并可消除经脉气血盛衰不调和经络气血逆乱阻滞等致病因素，改善人体循环和脏腑之间的联系，从而达到健身之目的。

十二经脉贯气通络功法，也称"大周天"通络法，是在"小周天"自由循行基础上行功贯气的。中医学认为："通此任督二脉，则百脉皆通。"明白此理，即入门也。

"大周天"通络功法十四式是：

第一式　贯气预备势

预备势以无极桩为动势转太极桩为定势，静桩站立3分钟，行"小周天"，将内气聚于丹田，为向十二经脉贯通做好准备（图1-1、图1-2）。

功法：

静桩站立，内固精神，意守丹田，以静待动，吐纳为先。

吸气（丹田呼吸），会阴收缩，尾闾前敛，引丹田内气，经会阴，过尾闾，沿督脉逆行而上，经腰、脊达头顶百会穴。

呼气，内气由头顶百会穴下行面部，沿任脉下行，经颈部、胸部、腹部达会阴部，内气沿任督二脉循环一周。持续行功3分钟后，转为"大周天"通络"拳势桩"练功贯气。

图 1-1　无极桩动势

图 1-2　太极桩定势

第二式　手太阴肺经贯气法

　　十二经脉"大周天"通络功法，是依据人体气血循行规律、顺序进行贯气通络的。手太阴肺经是每日人体气血循行的起点（寅时，3~5 点钟），因而通络贯气从此经开始，以下各条经脉依循行顺序贯气通络。（见手太阴肺经循行和腧穴示意图）

第一章　太极内功心法

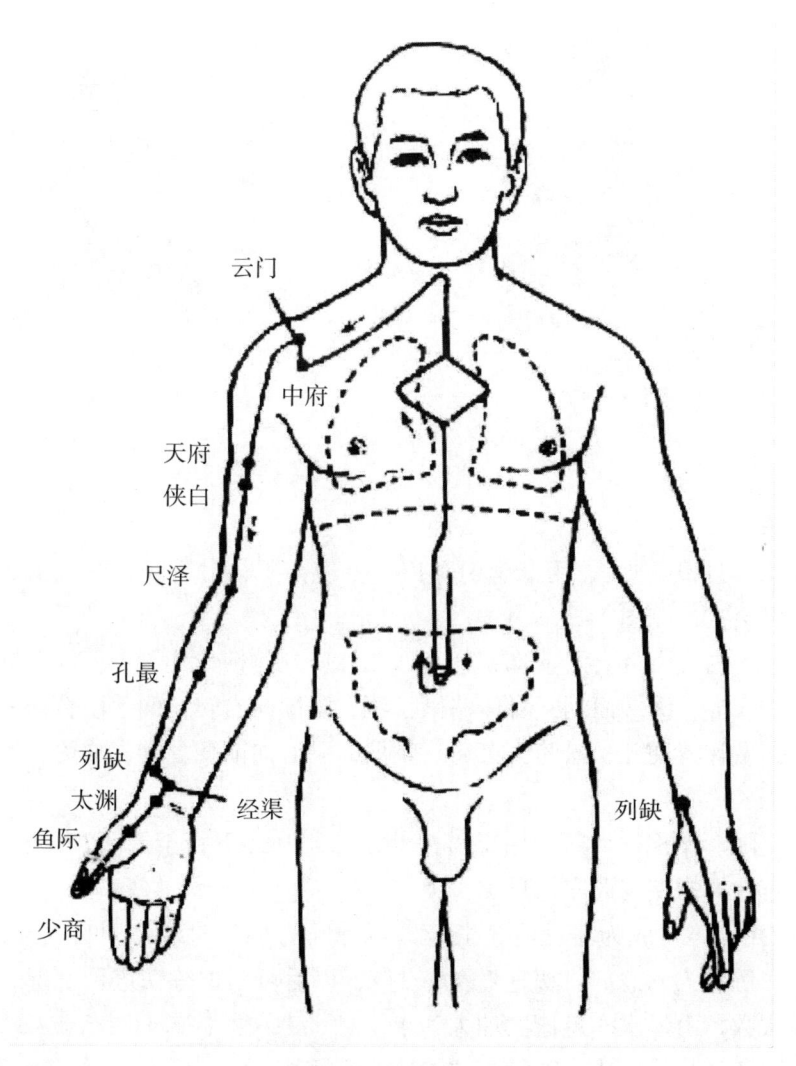

手太阴肺经循行和腧穴示意图

　　手太阴肺经，起于锁骨外端下方的中府穴，终于拇指桡侧指甲后的少商穴，共有 11 个穴。
　　此式采用拳套中"懒扎衣"一势为功架（桩）行功贯气。（图 1-3、图 1-4）

21

图 1-3　懒扎衣动势　　　　　　　图 1-4　懒扎衣定势

功法：

吸气（丹田呼吸），用意念引丹田气，经会阴，过尾闾，内气沿督脉上行至头顶百会穴，见图 1-3。

呼气，内气由百会穴下降，经耳、颈、肩到达锁骨外侧中府穴。同时，拳架"懒扎衣势"缓缓而动，身体略微下沉，随即向右转；两手由合而开，右手大顺缠向右转臂展开；松胯、沉肩、坠肘，手心向前变立掌，成为"懒扎衣拳势静桩"。

内气随动作徐徐而行，沿上臂内侧手太阴肺经下行至云门穴，经天府穴、列缺穴直达拇指端少商穴，见图 1-4。

"懒扎衣势"成为静桩后，继续"以呼吸为功"向经脉中贯气冲击淤滞。初始每次练功为六息（一吸一呼为一息），以后可根据练功进展情况，逐渐加大呼吸次数，由每次六息依次加大为十二息、十八息、二十四息、三十六息。

以下各经脉贯气法，呼吸方式均同，不赘述。

手太阴肺经内气至列缺穴，沿分出的一条支脉，走向食指内侧端商阳穴，内气与手阳明大肠经相连接。此处是意念引内气重点冲击的穴位。

养生、健身之作用：

肺乃诸气之根本，是藏魄之所。肺司呼吸，肺气可养皮毛，皮毛则可生肾。肺经无滞可治疗咳嗽、气喘、呼吸短促、心烦口渴、咽喉肿痛和肩背部疼痛等症。

第三式　手阳明大肠经贯气法

手阳明大肠经，起于食指桡侧指甲后商阳穴，终于鼻唇沟中的迎香穴，共有 20 个穴。（见手阳明大肠经循行和腧穴示意图）

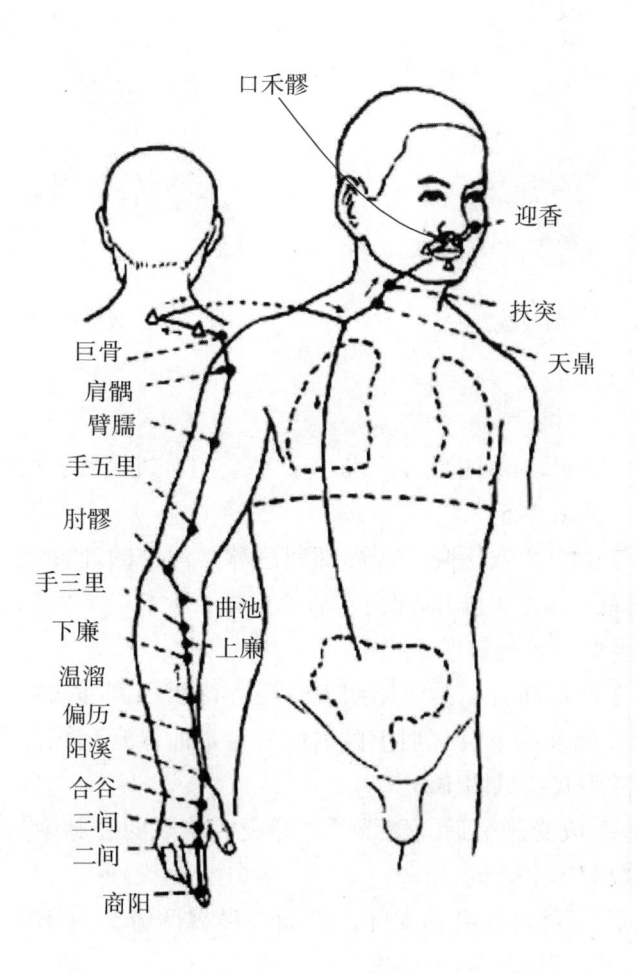

手阳明大肠经循行和腧穴示意图

此式采用拳套中"倒卷肱"一势为功架（桩）行功贯气。（图1-5、图1-6）

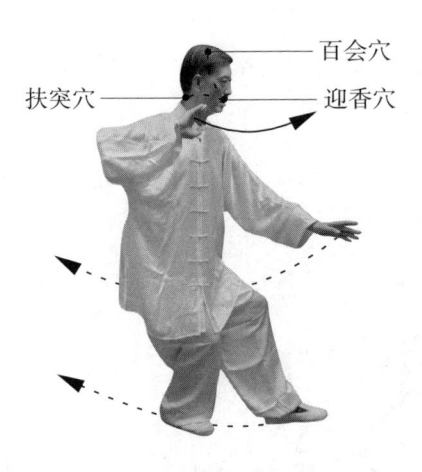

图1-5 倒卷肱动势　　　　　图1-6 倒卷肱定势

功法：

吸气（丹田呼吸），用意念引丹田气，经会阴，过尾闾，内气沿督脉上行至头顶百会穴，见图1-5。

呼气，内气由百会穴下降，经面部到达鼻唇沟中的迎香穴。同时，拳架"倒卷肱势"缓缓而动，左脚提起向左后弧形撤一大步，右手向前推挤至右耳前，成为"倒卷肱拳势静桩"。

内气随动作徐徐而行，沿手阳明大肠经下行至颈侧部扶突穴，经肩峰巨骨穴，沿上臂外侧前缘下行至肘上侧肘髎穴，过曲池穴到腕部阳溪穴，顺食指桡侧达指端商阳穴，见图1-6。

"倒卷肱势"成为静桩后，继续"以呼吸为功"向经脉中贯气冲击淤滞。呼吸方式、次数与第二式同。

手阳明大肠经，内气沿其支脉，在面部鼻翼两旁与足阳明胃经相连接。此处是意念引内气重点冲击的穴位。

养生、健身之作用：

大肠是输送水谷的器官，与肺相表里。手阳明大肠经贯通无滞，可治疗鼻流清涕、咽喉肿痛、颈肿、肠鸣腹痛、泄泻、大肠气滞、腹满、急食不通、下利赤白及颈、肩疼痛等症。

第四式　足阳明胃经贯气法

足阳明胃经，起于眼眶下缘承泣穴，终于二足趾外侧，指甲角后的厉兑穴，共有45个穴。（见足阳明胃经循行和腧穴示意图）

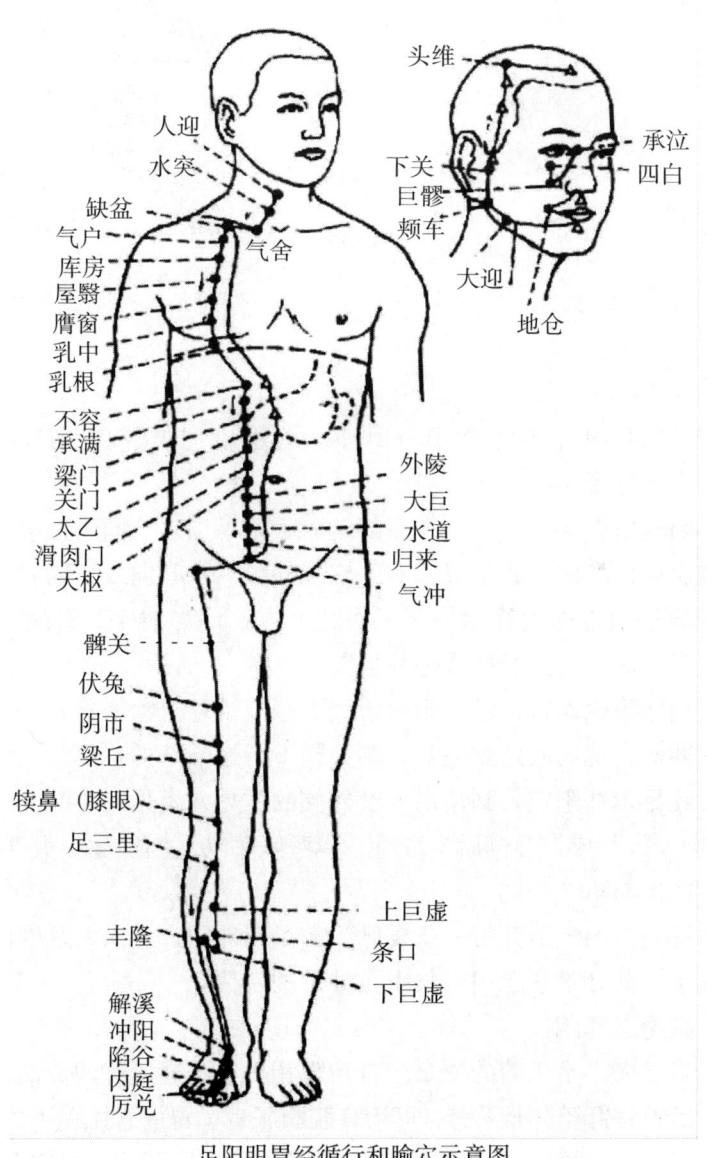

足阳明胃经循行和腧穴示意图

此式采用拳套中"斜行拗步"一势为功架（桩）行功贯气。（图1-7、图1-8）

图1-7 斜行拗步动势　　　　　　图1-8 斜行拗步定势

功法：

吸气（丹田呼吸），用意念引丹田气，经会阴，过尾闾，内气沿督脉上行至头顶百会穴，见图1-7。

呼气，内气由百会穴下降，经面部至内眼角承泣穴。同时，拳架"斜行拗步势"缓缓而动，腰向左旋下沉，右手旋腕外翻，掌心向外，以肩领右手向右转，沿平圆轨迹自左向右徐徐外开至右腿上方，高与肩平；开胸、松胯、屈膝、螺旋下降，成为"斜行拗步势静桩"。

内气随动作徐徐而行，沿足阳明胃经下行至锁骨上窝缺盆穴，经胸部乳根穴，腹部气冲穴，达屈股处髀关穴，顺大腿下行经膝部的犊鼻穴，沿胫骨外侧前缘下行，经足跗冲阳穴，到达足二趾外侧的厉兑穴，见图1-8。

"斜行拗步势"成为静桩后，继续"以呼吸为功"向经脉中贯气冲击淤滞。呼吸方式、次数与第二式同。

足阳明胃经，内气沿其另一条支脉，在足跗冲阳穴进入大趾内侧端与足太阴脾经相连接。此处是意念引内气重点冲击的穴位。

养生、健身之作用：

胃为水谷之海，是六腑的源泉。胃与脾相表里，通过脾的传输，用来滋养五脏之气。足阳明胃经贯通无滞，可治疗脘腹胀满、胃痛、饮食不思、不知味、惊悸不眠、呕吐、水肿、口眼歪斜、热病及膝膑部、胸部循行部位疼痛等症。

第五式　足太阴脾经贯气法

足太阴脾经，起于足大趾内侧趾甲角后的隐白穴，终于腋窝下的大包穴，共有21个穴。（见足太阴脾经循行和腧穴示意图）

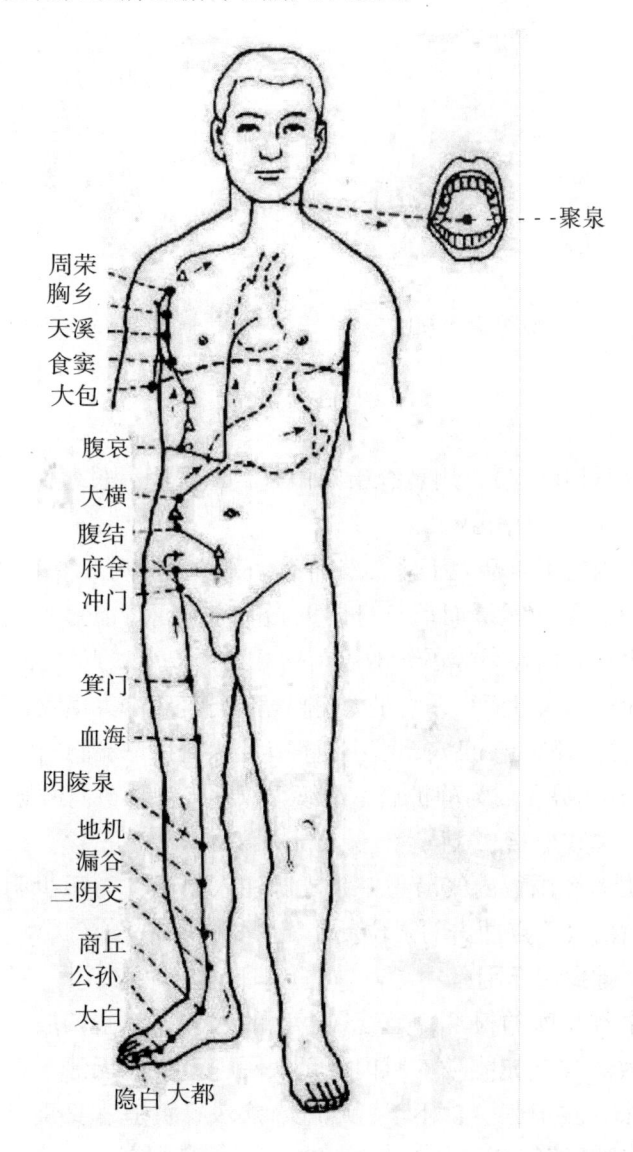

足太阴脾经循行和腧穴示意图

此式采用的是拳套中"野马分鬃"一势为功架（桩）行功贯气。（图1-9、图1-10）

图1-9　野马分鬃动势　　　　　　图1-10　野马分鬃定势

功法：

吸气（丹田呼吸），用意念引丹田气，经会阴，过尾闾，内气沿督脉上行至头顶百会穴，见图1-9。

呼气，内气由百会穴下降，经面部、颈部至侧胸部腋下大包穴。同时，拳架"野马分鬃势"缓缓而动，身体重心前移，屈膝前弓；右手顺缠向前穿伸前托，左手逆缠向左后撑展，双手前后开劲，成为"野马分鬃势静桩"。

内气随动作徐徐而行，沿足太阴脾经下行经腹部大横穴，股部内侧冲门穴；继续下行经膝内侧阴陵泉穴，沿小腿直达足大趾内侧端隐白穴，见图1-10。

"野马分鬃势"成为静桩后，继续"以呼吸为功"向经脉中贯气冲击淤滞。呼吸方式、次数与第二式同。

足太阴脾经循行内气沿另一条支脉注入心中，与手少阴心经相连接。此处是意念引内气重点冲击的穴位。

养生、健身之作用：

脾是水谷仓库的根本，是营气产生的地方，脾主四肢，又为胃向其他脏腑输布津液。脾气充能滋养肌肉。足太阴脾经贯通无滞，可治疗胃脘痛、脾塞、腹实胀、腹虚胀、食不下、呕吐、痞块、黄疸、身重乏力、舌根痛及股痛、膝内侧肿胀等病症。

第六式 手少阴心经贯气法

手少阴心经,起于腋窝正中的极泉穴,终于小手指桡侧指甲角后的少冲穴,共有9个穴。(见手少阴心经循行和腧穴示意图)

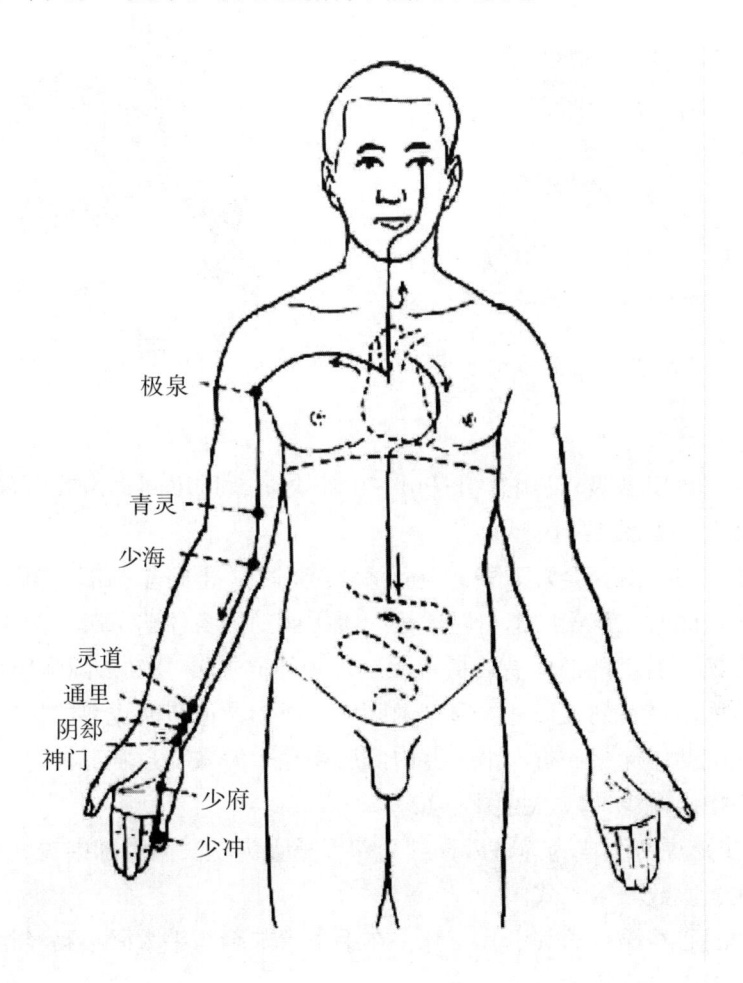

手少阴心经循行和腧穴示意图

此式采用拳套中"退步跨虎"一势为功架（桩）行功贯气。（图1-11、图1-12）

图 1-11　退步跨虎动势　　　　图 1-12　退步跨虎定势

功法：

吸气（丹田呼吸），用意引丹田气，经会阴，过尾闾，内气沿督脉上升至头顶百会穴，见图1-11。

呼气，内气由百会穴下降，经面部降至心中，上行至肺部，再下行达腋窝部极泉穴。同时，拳架"退步跨虎势"缓缓而动，身体略下蹲，两手掌在胸前以腕部交叉，右脚随即向右后撤一大步，身体向右转180°，两腿屈膝成马步，双手随转体向左右划弧分开，置于两膝侧，成为"退步跨虎势静桩"。

内气随动作徐徐而行，沿上臂内侧后缘至少海穴，过腕部神门穴，进入掌中，达小指末端少冲穴，见图1-12。

"退步跨虎势"成为静桩后，继续"以呼吸为功"向经脉中贯气冲击淤滞。呼吸方式、次数与第二式同。

手少阴心经循行内气沿其支脉，在手小指末端与手太阳小肠经相连接。此处是意念引内气重点冲击的穴位。

养生、健身之作用：

心为生命的根本，是最高的主宰者，精神和思维活动的源泉，思维和智力都产生在这里。它的功能充实在血脉之中。"心为一身之主，心生则种种欲生，心静则种种欲静"。手少阴心经贯通无滞，可治疗心痛、心悸、健忘、多睡、目眩、口渴、咽干、盗汗、失眠及胸肋痛、上肢内侧后缘疼痛等症。

30

第七式　手太阳小肠经贯气法

手太阳小肠经，起于小手指侧，指甲角后的少泽穴，终于耳屏与下颌关节之间的听宫穴，共有19个穴。（见手太阳小肠经循行和腧穴示意图）

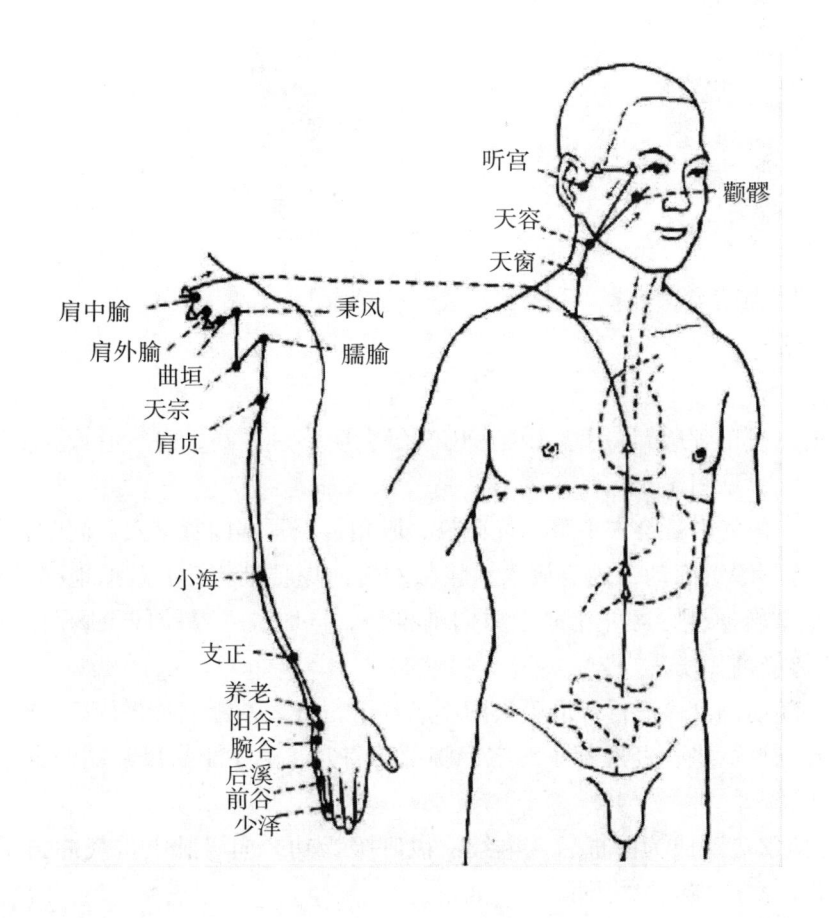

手太阳小肠经循行和腧穴示意图

此式采用拳势中"三换掌"一势为功架（桩）行功贯气。（图1-13、图1-14）

图 1-13　三换掌动势　　　　　图 1-14　三换掌定势

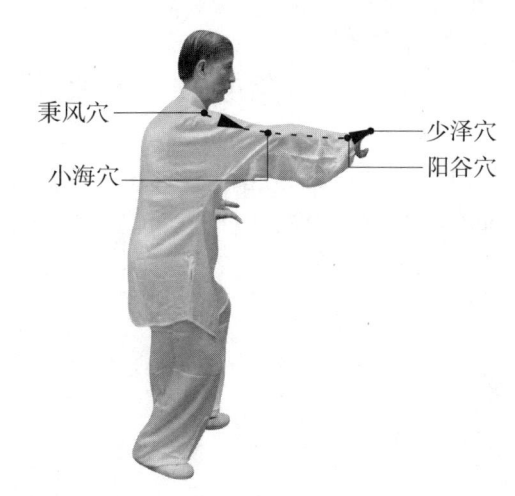

功法：

吸气（丹田呼吸），用意念引丹田气经会阴，过尾闾，内气沿督脉上升至头顶百会穴，见图 1-13。

呼气，内气由百会穴下降，经面颊、眼角，至耳屏前听宫穴。同时，拳架"三换掌势"缓缓而动，周身放松，腰微左转，塌腰坐胯，五趾抓地踏实；右掌顺缠翻掌转逆缠，经左手心上方向前推挤；同时，左掌拉回至胸前，成为"三换掌势静桩"。

内气随动作徐徐而行，沿手太阳小肠经下行进入锁骨上窝绕行肩部的秉风穴，沿着前臂后缘，经肘部小海穴，腕部阳谷穴，达手小指尺侧端的少泽穴，见图 1-14。

"三换掌势"成为静桩后，继续"以呼吸为功"向经脉中贯气冲击淤滞。呼吸方式、次数与第二式同。

手太阳小肠经循行内气沿另一条支脉，在面部与足太阳膀胱经相连接。此处是意念引气重点冲击的穴位。

养生、健身之作用：

小肠是盛受食物的器官，有容纳食物、消化食物，吸取营养物质的功能。小肠与心相表里，心属火，故称小肠为丙火之腑，是脏腑之气所经过留止的原穴处。手太阳小肠经贯通无滞，可治疗耳聋、尿频、目黄、咽喉肿痛和颌部、颊部肿胀疼痛以及肩外侧疼痛、麻木、屈伸不利等症。

第八式　足太阳膀胱经贯气法

足太阳膀胱经，起于内眼角上的睛明穴，终于足小趾外侧趾甲角后的至阴穴，共有 67 个穴。（见足太阳膀胱经循行和腧穴示意图）

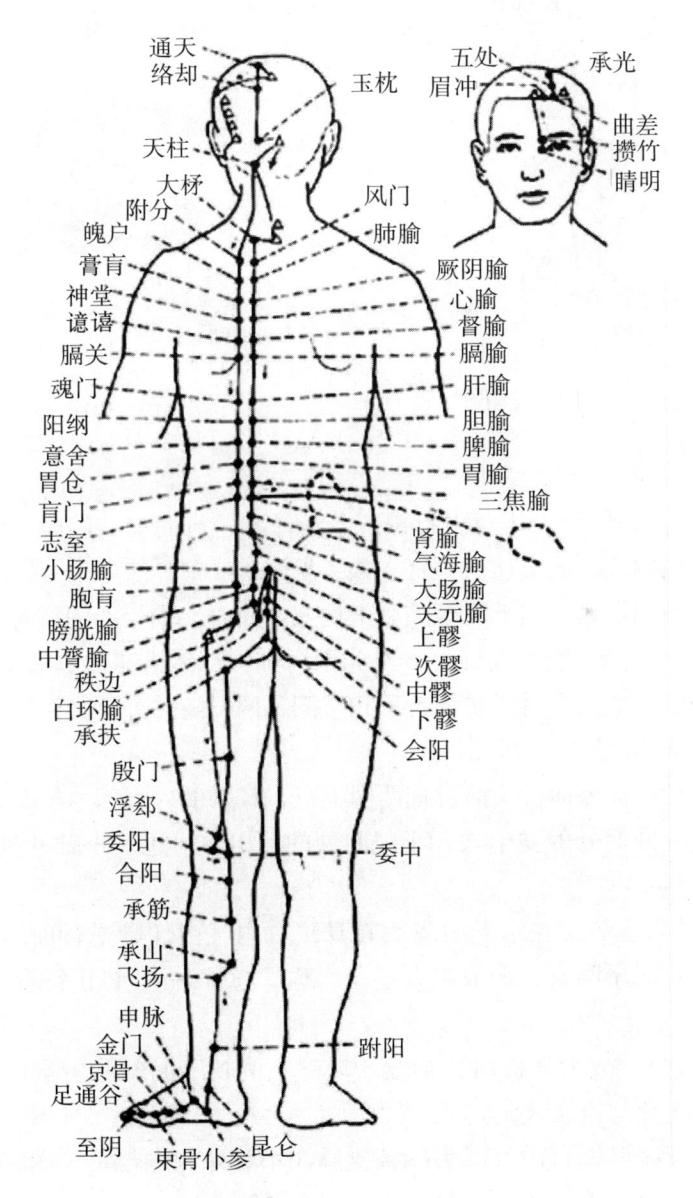

足太阳膀胱经循行与腧穴示意图

此式采用拳套中"闪通背"一势为功架（桩）行功贯气。（图1-15、图1-16）

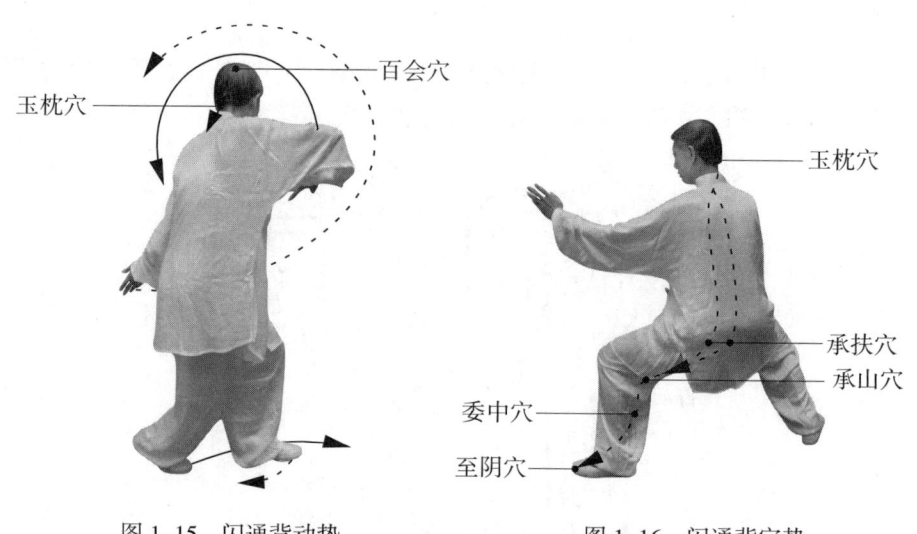

图1-15　闪通背动势　　　　图1-16　闪通背定势

功法：

吸气（丹田呼吸），用意引丹田气，沿任脉逆行而上，经腹、胸、颈至面部内眼角处睛明穴，向上达头顶百会穴，见图1-15。

呼气，内气由百会穴下降至脑后玉枕穴。同时，拳架"闪通背势"缓缓而动，身体重心下降，腰微左旋，以左脚跟为轴，身体迅速向右后转体；同时，右脚以前脚掌贴地向右后撤步弧行后扫半圈，两腿随之开胯圆裆屈膝下蹲，成为"闪通背势静桩"。

内气随动作徐徐而行，沿脊柱两旁下行，经腰部入臀部承扶穴，顺大腿后外侧下行，经腘窝处的委中穴，小腿肚处的承山穴，达足小趾外侧端至阴穴，见图1-16。

"闪通背"一势，在拳套中属倒转身法。内气由任脉逆行而上，经头顶、背部下行至臀部尾闾穴，形成内劲逆行，称"通背"。此势正符合足太阳膀胱经贯气通背。

"闪通背势"成为静桩后，继续"以呼吸为功"向经脉中贯气冲击淤滞。呼吸方式、次数与第二式同。

足太阳膀胱经循行内气沿另一条支脉在小趾外侧端与足少阴肾经相连接。此处是意念引内气重点冲击的穴位。

第一章 太极内功心法

养生、健身之作用：

膀胱是代谢产生的污浊水液的贮存处，靠气化功能而排出体外。膀胱与肾相表里，肾属水，故称膀胱为壬水之腑。足太阳膀胱经贯通无滞，可治疗小便不利、遗尿、尿血、头痛、迎风流泪、鼻塞流涕、痔疾、疟疾和项、背、腰、骶、臀部疼痛，以及下肢后侧疼痛等症。

第九式　足少阴肾经贯气法

足少阴肾经，起于足心涌泉穴，终于锁骨下缘的腧府穴，共有 27 个穴。（见足少阴肾经循行和腧穴示意图）

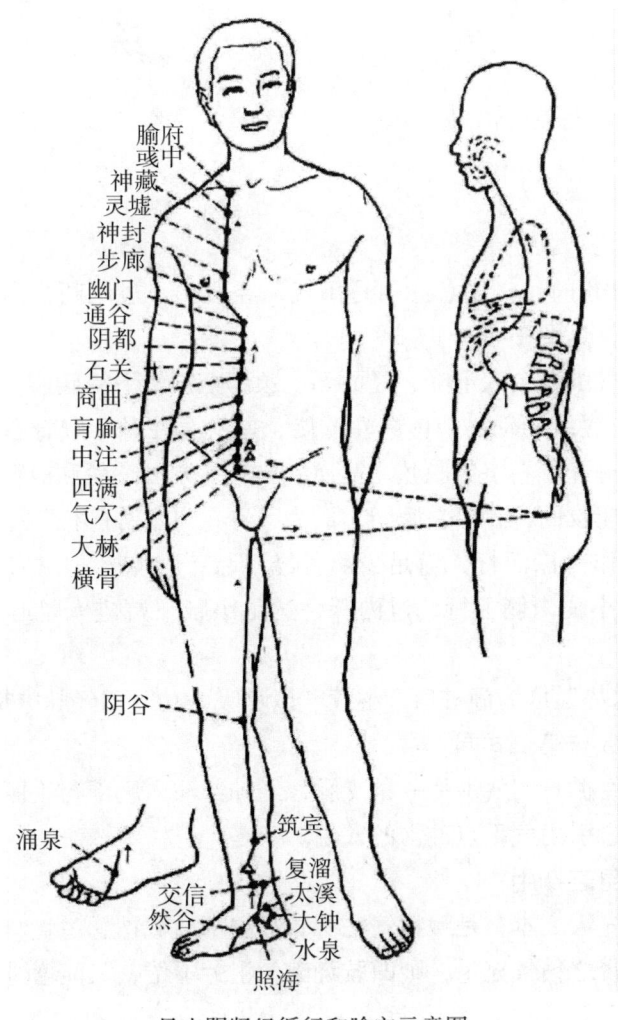

足少阴肾经循行和腧穴示意图

此式采用拳套中"青龙出水"一势为功架（桩）行功贯气。（图 1-17、图 1-18）

图 1-17 青龙出水动势

图 1-18 青龙出水定势

功法：

吸气（丹田呼吸），用意念引丹田气，经会阴，过尾闾，内气沿督脉上行至头顶百会穴，见图 1-17。

呼气，内气由百会穴下降，经面部、颈部至锁骨下缘腧府穴。同时，拳架"青龙出水势"缓缓而动，上体向左拧旋，周身合住劲，腰脊右旋带动双臂突然发力，双手对开，右拳像脱弦之箭逆缠向右前方以拳轮和前臂尺骨击出，左手顺缠同样迅速收回，置于左腹间，成为"青龙出水势静桩"。

内气随动作徐徐而行，沿足少阴肾经下行，经胸部神封穴，下腹部横骨穴，沿大腿、小腿内侧下行，过内踝，达足小趾下端进入足心涌泉穴，见图 1-18。

"青龙出水势"成为静桩后，继续"以呼吸为功"向经脉中贯气冲击淤滞。呼吸方式、次数与第二式同。

足少阴肾经循行内气沿另一条支脉，经肺部注入胸部与手厥阴心包经相连接。此处是意念引内气重点冲击的穴位。

养生、健身之作用：

肾是人的先天之本，是藏精气之所。肾主水、藏精、主骨、生髓、司二便等生理功能。肾之精气充足，则四肢跷健，耐劳不倦，又能增进人的智慧和技巧。古人强调"节欲养生，固己有之元真"。如果恣情纵欲，就像油尽灯灭一样，髓尽人亡；而补肾固元则可收到"添油灯壮，补髓人强"之功。足少阴肾经贯通无滞，就是"补肾固元"之法，可治疗遗精、阳痿、月经不调、饥不欲食、头昏目眩、口舌干燥、腰背酸痛、下肢无力等症。

第十式　手厥阴心包经贯气法

手厥阴心包经，起于乳头外侧旁的天池穴，终于手中指尖端中冲穴，共有9个穴。（见手厥阴心包经循行和腧穴示意图）

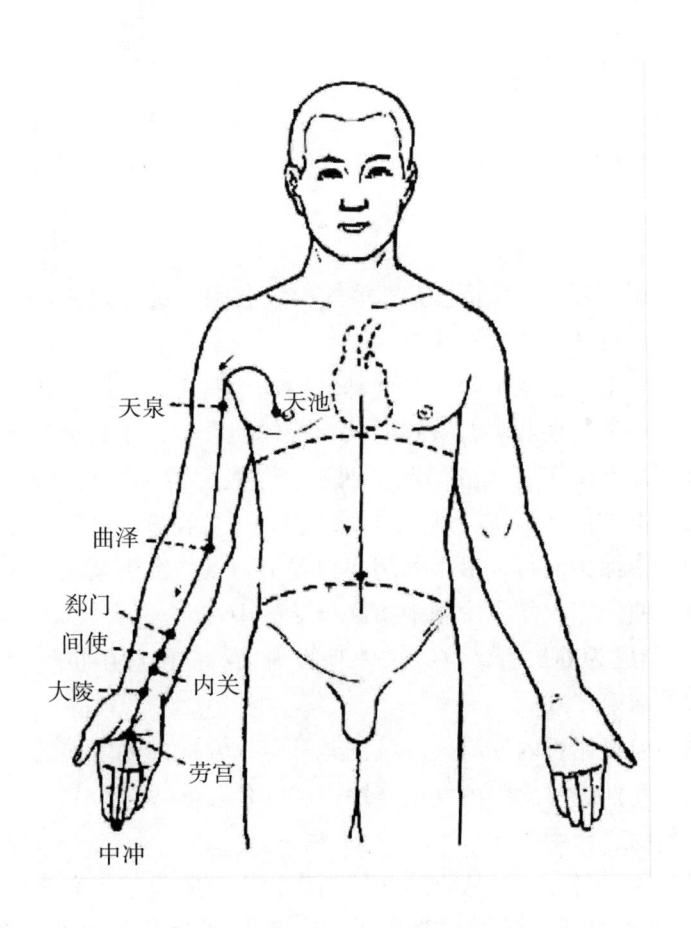

手厥阴心包经循行和腧穴示意图

此式采用拳套中"初收"一势为功架（桩）行功贯气。（图1-19、图1-20）

图1-19 初收动势　　　　图1-20 初收定势

功法：

吸气（丹田呼吸），用意念引丹田气，经会阴，过尾闾，内气沿督脉上行至头顶百会穴，见图1-19。

呼气，内气由百会穴下降，经面部、颈部至胸中，出肋，达乳头外侧旁天池穴。同时，拳架"初收势"缓缓而动，身体微右转，重心全部落于右腿，左腿屈膝上提，高与腰平，独立站起；两手合住劲，意如老虎咬人，先束其身，随即双手向前下方伸展挤按，劲在掌根，成为"初收势静桩"，见图1-20。

内气随动作徐徐而行，沿手厥阴心包经上行抵腋窝天泉穴，顺上臂内侧下行，进入肘窝曲泽穴，经掌中循中指到指端的中冲穴。

"初收势"成为静桩后，继续"以呼吸为功"向经脉中贯气冲击淤滞。呼吸方式、次数与第二式同。

手厥阴心包经循行内气沿另一条支脉从劳宫穴通向无名指端，与手少阳三焦经相连接。此处是意念引内气重点冲击的穴位。

养生、健身之作用：

心包络一经二名，一是从它的功能而言，手厥阴代替心的活动，故称"手心主"；二是从经络角度而论，则称"心包络"。医家称为"裹心之膜"，在人体中占有重要地位。手厥阴心包经贯通无滞可治疗心痛、心悸、心烦、胸闷、面赤、目黄、风疹、口干、手心热、上肢酸痛等症。

第十一式　手少阳三焦经贯气法

手少阳三焦经，起于无名指末端的关冲穴，终于眉毛外侧处的丝竹空穴，共有 23 个穴。（见手少阳三焦经循行和腧穴示意图）

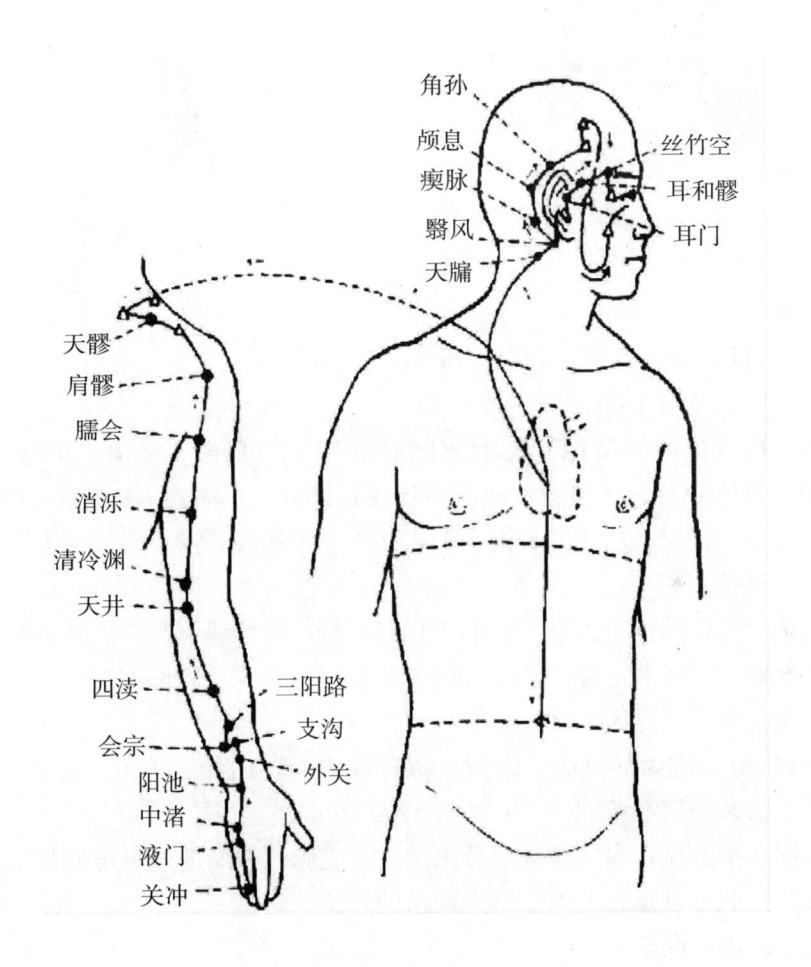

手少阳三焦经循行和腧穴示意图

此式采用拳套中"小擒打"一势为功架（桩）行功贯气。（图 1-21、图 1-22）

图 1-21　小擒打动势　　　　　图 1-22　小擒打定势

功法：

吸气（丹田呼吸），用意念引丹田气，经会阴，过尾闾，内气沿督脉上行至头顶百会穴，见图 1-21。

呼气，内气由百会穴下降至眉毛外侧丝竹空穴。同时，拳架"小擒打势"缓缓而动，身体微右旋再左旋，随即右腿屈膝提脚向左前方上步，重心前移，成右腿前弓步；同时，右手逆缠向左前推挤，左手逆缠交搭于右前臂上，成为"小擒打势静桩"。

内气随动作徐徐而行，沿手少阳三焦经上行，绕耳后下行至锁骨上窝，达上臂外侧天髎穴，顺着上臂外侧通过肘尖天井穴，沿臂外侧过腕部、手背，达无名指侧端关冲穴，见图 1-22。

"小擒打势"成为静桩后，继续"以呼吸为功"向经脉中贯气冲击淤滞。呼吸方式、次数与第二式同。

手少阳三焦经循行内气沿耳后分出的一条支脉，在面部外眼角处与足少阳胆经相连接。此处是意念引内气重点冲击的穴位。

养生、健身之作用：

三焦是中渎之府，有调节水气运行、平衡表里的作用。医书上说：三焦就像国家江河水渎的官员，疏通着人体周身的水道。上焦之气就像弥漫的雾露一样，扬洒于全身；中焦的精微就像绵绵的圆泡一样，供养于全身；下焦的功能就像畅通的沟渠一样，不断地把秽污之物排出体外。手少阳三焦经贯通无滞，可治疗耳聋、颊肿和耳后、肩、臂、肘外侧疼痛等症。

第十二式　足少阳胆经贯气法

足少阳胆经，起于外眼角瞳子髎穴，终于第四足趾外侧端的足窍阴穴，共有44个穴。（见足少阳胆经循行和腧穴示意图）

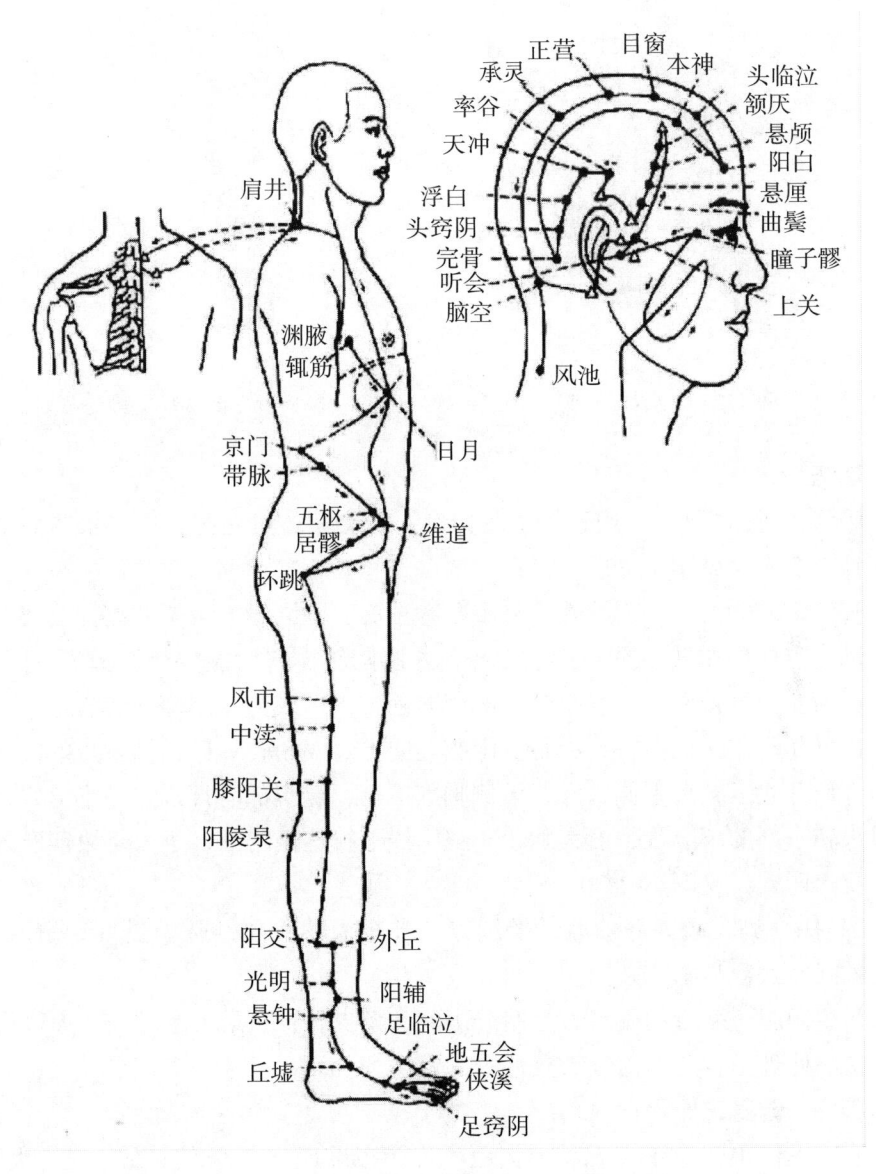

足少阳胆经循行和腧穴示意图

此式采用的是拳套中"高探马"一势为功架（桩）行功贯气。（图1-23、1-24）

图1-23　高探马动势

图1-24　高探马定势

功法：

吸气（丹田呼吸），用意念引丹田气，经会阴，过尾闾，内气沿督脉上行至头顶百会穴，见图1-23。

呼气，内气由百会穴下降至外眼角瞳子髎穴。同时，拳架"高探马势"缓缓而动，身体向左转，重心移于右腿，左脚随转体向后撤步至右脚旁；同时，左臂屈肘收回至腰左侧，右手转臂顺缠向前推出，成为"高探马势静桩"。

内气随动作徐徐而行，沿足少阳胆经向上经额角转耳后，其直行的脉向下过肩部肩井穴至腋窝下渊腋穴，沿侧胸部下行，经腹部的日月穴、维道穴，达股骨大转子部的环跳穴，沿大腿、小腿中线下行达足跗部，进入足第四趾外侧端的足窍阴穴，见图1-24。

"高探马势"成为静桩后，继续以"呼吸为功"向经脉中贯气冲击淤滞。呼吸方式、次数与第二式同。

足少阳胆经循行内气沿着足跗分出的一条支脉，在足大趾端与足厥阴肝经相连接。此处是意念引内气重点冲击的穴位。

养生、健身之作用：

胆在人体中就像正直无私的大臣，许多正确地判断都产生在这里。大肠、小肠、胃、膀胱等腑都是贮藏传导秽浊之物的，只有胆是个例外，它是贮藏清净胆汁之腑。医书上说："胆实则精神不守，胆虚则烦扰不眠。"看来胆与精神、睡眠关系密切。足少阳胆经贯通无滞，可治疗口苦、目眩、目泪、耳鸣、转筋、失眠、肋痛、偏头痛、腋下痛、面色灰暗和下肢外侧酸痛等症。

第十三式　足厥阴肝经贯气法

足厥阴肝经，起于足大趾外侧端的大敦穴，终于乳头下两肋的期门穴，共有14个穴。（见足厥阴肝经循行和腧穴示意图）

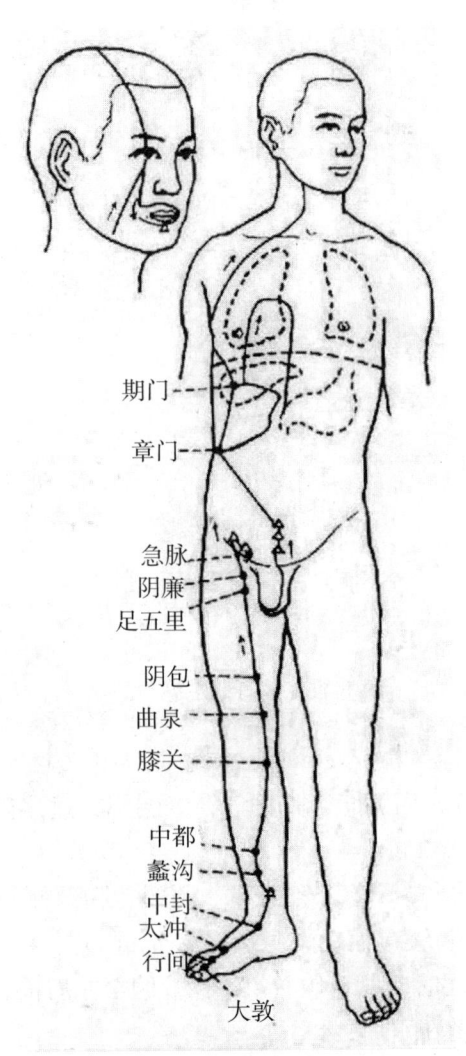

足厥阴肝经循行和腧穴示意图

此式采用的是拳套中"披身捶"一势为功架（桩）行功贯气。（图1-25、图1-26）

图 1-25　披身捶动势

图 1-26　披身捶定势

功法：

吸气（丹田呼吸），用意念引丹田气，经会阴，过尾闾，内气沿督脉上行至头顶百会穴，见图1-25。

呼气，内气由百会穴下降，经面部、颈部、胸部侧行至乳下期门穴。同时，拳架"披身捶势"缓缓而动，身微左转，重心左移，左腿前弓，左脚踏实，右腿伸展虚蹬；同时，以身领右拳徐徐顺缠至左肩前，左拳逆缠至左胯外侧，成为"披身捶势静桩"。

内气随动作也徐徐而行，沿足厥阴肝经向下行，经侧腹部章门穴至耻骨下外侧急脉穴，顺着大腿内侧中线下行，穿过膝内侧曲泉穴，再沿胫骨内缘直下，经内踝，达足大趾外侧端大敦穴，见图 1-26。

"披身捶势"成为静桩后，继续"以呼吸为功"向经脉中贯气冲击淤滞。呼吸方式、次数与第二式同。

足厥阴肝经循行内气沿另一条支脉，向上注入肺脏，内气在肺部与手太阴肺经相连接。此处是意念引内气重点冲击的穴位。

养生、健身之作用：

肝是人体耐劳的根本，又是藏魂之所。肝藏血，所以能生养血气。"肝气充方能养筋，筋实方能生心，肝气上辖于目"。在人体中肝表现为阴阳调合的功能。足厥阴肝经贯通无滞，可治疗胸满、腹泻、疝气、尿闭、遗尿、腰痛、肋胀痛及妇女小腹痛等症。

第十四式　贯气收势

此功法，"收势"一节一丝不可马虎，太极内功是"有益于身心性命之学"。圣人言："修身在于复性。"此言"运气是以为修身复性之本"。而"收功"（收势）则是"归根复命，团阴阳为一"。因而，当"意念周天"贯气收功时，应缓缓将内气收入丹田，默默站立 3 分钟。（图 1-27、图 1-28）

图 1-27　收势动势　　　　　　图 1-28　收势定势

四、"大周天"真义论

"大周天"在武术中何用？其真义就是气在意的指挥下，使气通过十二经脉，达到运气、用气之目的。谚曰："运气贵于缓，用气贵于急。""拳打不见形，要在疾中疾。此中玄妙理，只在一呼吸。"

拳谚告诉我们武术内气的运使过程，仅在"一呼吸"之间，这种"短暂过程"就是内功心法"大周天"的运行法，这也是"大周天"在武术中的真谛所在。正如拳家所言："大周天"能融"精、气、神"为一体，能做到"气随意发，意在气中，气中寓意，意气制人，运用得当，收发自如"。

少林武术传统将内功喻为"添油法"。云："欲点长明灯，须知添油法。"意即欲想将内功的核心功法"大周天"掌握在手，首先要弄清"添油法"。

（一）认知十二经脉共同的循行规律

人体十二经脉，气血循行有规、有序，每日以十二个时辰为准，气血沿十二经脉循环一周。但是，十二经脉循行过程中有着一个共同的循行规律。即：手三阴经从胸部走向手指；手三阳经从手指走向头部。足三阳经从头部走向足趾；足三阴经从足趾走向腹胸。

这个共同规律，通过内功修炼，即成为"大周天"运使内气"短暂过程"的通道。

（二）认知"大周天"手足三阴三阳"一气贯通，并行不悖"之理

武术内功运使方法，改变了内气循行原有的规律和顺序。当"大周天"贯通后，全身"百脉皆通，周身罔间"，内气在体内可自由运行。在武术"内功运使"作用下，手足三阴三阳经内气循行从胸至手指、从手指至头、从头至足趾、从足趾至腹胸这个共同规律发生了一项重大改变，即从"依经顺序循行"改变为"三阴、三阳经并行"。这一改变就形成了武术内功的重要特点，运使"过程暂短"仅在"一呼吸"之间，这就是拳家所称"疾中疾"之妙。

"大周天"内气运使之法，以丹田为源，内气经两肾，出命门，达四肢，仅在"一呼吸"之间。拳论称此为"行乎三节，现乎四梢，统乎五行"。陈鑫称此为"一气贯通，并行不悖"。

（三）认知掌握"运使之疾"，贵在苦练

炼气之学以运使为效，而运使之效"贵于疾"。但"疾"不是自生自长的，而是靠勤学苦练而得。

运使之效，要想使"手脚快如风，疾上更加疾"，必须掌握"入手法门"。古拳谱云："未习打，先练桩。""桩功"即是"运使"入手法门。但此桩不是"静桩"，而是"活桩"。以拳套中的"拳势"为"活桩"，练习"大周天"运使之法。（图1-29、图1-30）

图1-29　掩手肱捶蓄势

此图是"掩手肱捶"一势的蓄劲，也称合劲。

吸气，内气沿手三阴经（两肱内侧），从手指经腋走向胸腹；同时，内气沿足三阳经（两股外侧），从足趾走向头部。

图 1-30　掩手肱捶发势

此图是"掩手肱捶"一势的发劲，也称开劲。

呼气，内气沿手三阳经（两肱外侧），从头部经肩走向手指；同时，内气沿足三阴经从胸腹走向足趾。

这一吸一呼有诀管着，古拳谱云："提气随吸用，坠力随呼出，此尤不可不知也。""按其拳势，习之日久，肩背之力，腰胯之力，腿足之力，自然贯通一体，劲道顺达而整矣。"此称为"单操"。

拳之起落开合，蓄发互变，要练成一气，则须"时时操演，朝朝运化，持久坚持，气疾自到"。继而"大周天"运使之法，习之纯熟，"则能三节明，四梢齐，五行闭，拳法疾"。遇敌好似火烧身，出拳仅在"一呼吸"。

诀曰：

循序渐进功夫长，
日久自能闻其香。
只要功夫能无间，
太极随处见圆光。

"大周天"运使之法，"单操"演练之势，拳套一路中有"金刚捣碓""青龙出水""野马分鬃"等势；二路中有"连珠炮""裹鞭炮""撇身捶""劈架子"等势。

五、"炼神还虚"，回归无极

"炼神还虚"是武术内功追求的最高境界。佛家称："无相光中常自在。"道家称："羽化成仙。"儒家称："超凡入圣。"拳家称此为"形归无迹"。

历代拳家认为"炼神还虚"乃是返还无极之原，以完本来之性体。拳论云："盖万物之理，以虚而受，以静而成，天地从虚中立极，静中运机，故混沌开而阖辟之局斯立，百骸固而无极之藏自主，无不从虚静中来。"因而，还虚之功"以虚静为本"。虚则无所不容，静则无所不应。太极拳"炼神还虚"须经以下三个阶段。

（一）心意虚静，物我两忘

古人认为"炼神还虚"之法，"全以至静为主，不动为宗""不须用法依时其气，静极自然上朝"。这就是说，还虚不需用一呼一吸之术，即"一心主静，万缘俱息，外想不入，内想不出，终日混沌，如在母腹"，全"以虚而受，以静而成，唯在对境无心而已"。

诀曰：

> 打破虚空消息路，
> 我登彼岸不用舟。
> 炼神还虚千变化，
> 撒手虚空见金身。

道家认为此阶段功夫修炼很难，须经"三年乳哺，九年大定"方能炼神还虚。拳家称此阶段功夫为"内外五行"之修。

古拳谱云："五行者，金、木、水、火、土也。内属五脏，外属五官。如心属火，心动勇力生；肝属木，肝动火焰冲；脾属土，脾动大力攻；肺属金，肺动沉雷声；肾属水，肾动快如风。此五行存在于内也。目通于肝，鼻通于肺，耳通于肾，口舌通于心，人中通于脾，此五行现于外也。故曰："五行真如五道关，无人把守自遮拦。"因而，习功者须运气将内外五行连而为一，五行顺则五气才能合而为一。经云："五气者五脏之炁也，气在炁穴之中，流通五脏之间。"于肺则为金炁，于肝则为木炁，于心则为火炁，于脾则为土炁，于肾则为水炁，是为五行之炁。当全身真炁发动，其炁升，五脏之炁皆升；其炁降，五脏之炁皆降，即降丹田之后，五气合而为一。此其时，丹田五炁发生金光，现于目前，全身万脉归宗，阴阳之炁，化成纯阳之光，似这个"〇"形，道家称此为五炁朝元。五炁归一，万脉归宗后，体内真炁即可随意运行。

（二）体势虚静，静极生动

太极拳立论于太极学说"无极生太极"的宇宙生成论。"炼神还虚"的内功修炼也必然经过"虚中立极，静中运机，无不从虚静中来"的过程。拳论云："能动能静，道之圣也；动而不静，道之病也。"太极拳拳理明指：拳之每招、每势、每个技击动作，都是以静到动的转化过程完成的。内功修炼，从心意虚静到体势虚静、从物我两忘到静极生动，这是形成"功"与"形"相结合而产生巨大武术力量的高级形态。拳论所云"先在心，后在身"就是此意，明白此理，才能理清太极拳的根本理念。

此阶段功法，采用"以功为本，以拳为母，以推手为用"，三者紧密结合的修炼之法。

修炼方法：以定步双推手为主，辅以活步双推手。

修炼时，意在茫茫大宇，宁静空寂，心不妄想，身不妄动，"则无所不应"。体悟"以神主行，以气主动，动则至微"之诀要。此景如拳论所云："静中触动动犹静，动则归静静归无。"这种神凝、气聚、形不散的练法，就是无形无象大道之修。

此"大道之修"是在"五炁归一，万脉归宗"后，体内真炁随意运行基础上修炼的。正如陈鑫所云："打拳皆随天机动宕，莫非自然而然，活泼泼的太极原象皆从吾身流露。"又云："打拳一艺，起初原无是术，一既有之，正不妨即其有，以造至无心成化，不著形迹，则有者仍归于无矣。"

（三）无形无象，还无极之初

"炼神还虚"至返还无极之初，是太极内功最高境界。拳家称此为"形归无迹"。

第一章 太极内功心法

《授秘歌》头两句便是"无形无象，全身透空"。身空者指无内无外，内外一如与太虚同体，此为"太极混沌之炼""返还无极之炼"。正如拳歌曰：

一气旋转自无停，
乾坤正气运鸿濛。
学到有形归无迹，
方知玄妙在天工。

此阶段功夫，是在"心意虚静"和"体势虚静"的基础上，进行"内外虚空"返还无极的修炼。

当"内外"炼至"虚空"时，全身犹如无极之象——圆（即"○"形)，身无其身，心无其心，虚无缥缈，空空洞洞，无内无外，周身内外已成浑圆一体。在这个无极圈内，充盈着真气，好像是一个充满气的皮球一样，外力不能碰撞，不能击打，外力愈强，反弹力愈大。

此阶段功法：以散手为主，辅以活步双推手。

修炼时，要体悟"唯虚乃能容实""唯空乃能道通"之诀要，切忌"力与力""劲与劲"的对抗。要练习和体会"静定中由无生有，气随意发，意在气中，气中寓功，意气制人的方法"，让来者问劲似空、身感浮气拔根而起，如球碰壁，整体弹出。

此功练到"形归无迹"时，真是有"天工"之"玄妙"。这个"无迹之形"综合起来，具有七大形态，即：它有极高的触觉，"一羽不能加，蚊蝇不能落"；它有极强的爆发力，"身如火药，一动即发"；它有极快的速度，"蓄劲如张弓，发劲如放箭"；它有极好的灵敏，"动急则急应，动缓则缓随"；它有极妙的化劲，"引进落空""四两拨千斤"；它有极好的防御能力，"全身都是手，挨着何处何处击"；它有极准的预测，"人不知我，我独知人"。真是"变化无方，神鬼莫测"，威力无穷，玄奥渊博皆在其中。一言以蔽之，达到"出神入化，登峰造极"之境界。

拳歌曰："脚踢拳打下乘拳，妙手无处不浑然。任他四围皆是敌，此身一动悉颠连。遭着何处何处击，从心所欲莫非天。总是此心归无极，炼到佛家两朵莲。"

这就是陈鑫称之谓的"妙手"。

这样的"形"，陈鑫有诗赞曰："神穆穆，貌皇皇，气象混沌，虚灵具一心，万象藏五蕴。寂然不动若愚人，谁知道阴阳结合在此身。任凭他四面八方人难近，纵有那勇过人，突然来侵，倾者倾，跌者跌，莫测其神。且更有，去难去，进难进，如站在圆石头上立不稳，实在险峻，后悔难免陨。岂有别法门，只要功夫纯，全凭一开一合，一笔横扫千人军。"

此功，修炼者须细心揣摩，日久自悟。陈鑫云："能与人规矩，不能使人巧，举一反三在学之者，不可执泥，亦不可偏狃。"

第二章 太极拳四大要论

一、论太极拳拳理源于"无极"

古今太极名家在其拳论中常引用这样两段话,"太极者,无极而生,阴阳之母也";"无极而太极,太极动而生阳,动极而静,静而生阴,静极复动,一动一静,互为其根"。

同时拳家往往还配上太极图,借以阐述拳理、拳法,认为:"易者也,包罗万象者也。"而其扼要之哲理,不出太极一图。太极拳所言阴阳、虚实、刚柔、动静、开合无不含于此图中。

太极拳在内功修炼和拳术练习中,运用太极图说明拳理、拳法的其流传式样多种多样。

(一)古太极图

一种称为"古太极图"的式样,它出现得较早,是一种宏观的模式。(见太极图之一)

太极图之一

此图如在周围配上八卦的各卦分布,即为"太极八卦图"。图中所示:图中黑的部分为阴,白为阳,两条阴阳鱼代表了生生不已的运动;白中有黑点,黑中有白点,表示阳中有阴,阴中有阳。中间"S"形线为太极线,象征平衡和谐的状态;两阴阳鱼环成一圈,表示阴阳共处一体,互相生成,互相克制,互相转化，此图又俗称"双鱼形图"。

有诗云：

> 太极中分一气旋，
> 两仪四象五行全。
> 先天八卦浑沦具，
> 万物何尝出此图。

其实，此图藉以表达太极拳理、拳法有一定的局限性。有的拳家认为："除可表明双搭手时阴阳、虚实、盈缩、进退外余无可取。"

（二）周氏太极图

另一种太极图式样为"周氏太极图"。"其图所具之理甚奥，几尽可为太极拳者所取法焉"。此图也称为"无极图"。（见太极图之二）

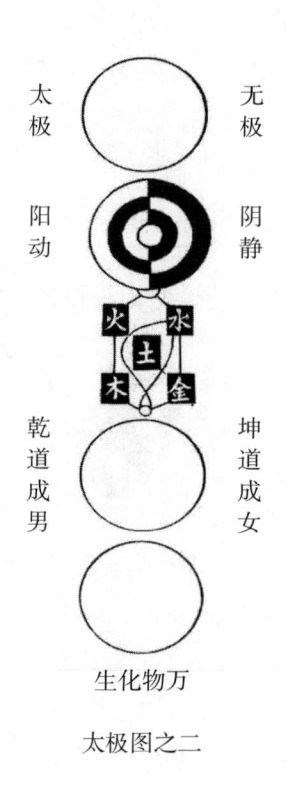

太极图之二

周氏太极图是宋代著名学者周敦颐根据陈抟所传的无极图和道教的太极先天图修订而成，并作有《太极图说》加以说明。

此图详细描述了万物生成、发展的过程及内在规律，其中揭示的人体内部的运动机制，为古今拳家建立太极拳理论所借鉴。

此图共分五层：

第一层，圆形。表示"无极而太极也"。其中心泰然，抱元守一，作虚空相，可谓无极也。其意示天地未开，阴阳未分之茫茫宇宙。而动静、阴阳、刚柔、进退已悉具其中，实万有之母也。体现在太极拳上，即拳势未始之时，抱元守一，浑然无物中始孕育着阴阳变化和太极拳势的独有特征"圆"。

第二层，中分圆形为二，阴阳、虚实各得其半。此为"易有太极，是生两仪"。"两仪"者，即指"阴阳"也。太极拳动静、刚柔、进退、虚实、开合等，可概言"阴阳"二字。拳论说："太极两仪，天地阴阳，开合动静，柔之与刚。"此喻拳之柔中隐刚，动中守静，互为其根也。

第三层，五行，火、水、木、金、土也。五行结构为宇宙构成万物发展变化的普遍规律，使世界上所有事物都按五行规律运动。五行之间具有相生相克关系，其内涵："水润下，火炎上，木曲直，金从革，土稼穑。"喻太极拳之五步（前进、后退、左顾、右盼、中定），就其阴阳互变而言：如水根于阳，火根于阴，喻进极思退，退极思进；木性曲直，金性从革，喻拳运劲时屈伸、开合、粘走、随抑；土性稼穑，万物生于土，而位又居中，喻其中定不离位也。太极推手时，喻掤、捋、挤、按，互为生克。

第四层，圆形。喻人，乾道成男，坤道成女。此层为"无极图"的核心内容，是道家内丹理论的主要观点"顺者生人 逆者成仙"。喻逆呼吸是太极拳"炼精化气，炼气化神，炼神还虚"，打通"大小周天"的不二法门。

第五层，圆形。喻物，万物化生。言无极二五，聚则成形，感而遂通，化生万物。即老子所言："道生一，一生二，二生三，三生万物。"

何为道，谓曰无极；何为一，谓曰太极；何为二，谓曰阴阳；何为三，谓曰三才，为之上、中、下是也。人，生于天地之间，人、天、地三者合一，即为三才。其揭示万物生成、发展过程及内在规律，故拳之所以曰太极，其内涵是以天地运化之机来揭示人体内部的运动机制。正如古人所言："动而生阳，静而生阴。立天之道，曰阴与阳。立地之道，曰柔与刚。"阴阳刚柔之分处，即动而生阴阳，静而生刚柔。

（三）太极拳拳理源于"无极"之原因

从宋人周敦颐所画的太极图证实，太极拳拳理源于"无极"，其因至少有三个方面：

其一，古人用一"中空圆圈"表示"无极"，正好符合太极拳的基本特征——"圆"。太极拳动势、成势之时非圆即弧。

"无极"，即示天地未开，阴阳未分，混混沌沌之宇宙。体现在太极拳上，在拳势未始之时，心静如水，抱元守一，浑然无物，而身体内部却孕育着阴阳变化。可以看出太极拳圆与弧的连绵，大圈小圈的变化，均是"无极"的形象体现，其源来自那个"中空之圆"。陈鑫说："无非一圈一太极"，"不明此，即不明拳"。

其二，"阴阳学说"是太极拳的理论基础。拳论云："练拳之道，开合二字尽之，一阴一阳之谓拳，其妙处在互为其根而已。"

天地是一大宇宙，人身是一小宇宙。"天地之机，在于阴阳之升降，一升一降，太极相生，相生相成，周而复始，不失于道，而得长久。天地行道，万物生成"。此谓"一阴一阳谓之道"。万物都是由一阴一阳的变化而产生。

而人的内部运动机制也离不开阴阳。《黄帝内经》言："天地合气，命之曰人，人生有形，不离阴阳。"

太极拳根据"阴阳运化之理"，太极每一势，阴阳无不存乎其中，或上或下，或左或右，或偏或正，或前或后，全体身法无不俱备。其动则生阳，静则生阴，一动一静，互为其根，是所谓"阳中有阴，阴中有阳，此即太极拳之本然"。

太极拳的动静、刚柔、进退、开合等都是阴阳变化的表现，这在太极图之阴阳互动、五行相交中均能找到答案。例如：五行之中水属阴，火属阳，水柔火刚，故太极拳之"刚柔相济"与道家内丹"心肾相交"是相通的。

其三，道家修炼的最高境界是"虚无""回归无极"，太极拳的最高阶段是"形归无迹"，两者殊途同归。

道家炼丹术的核心理论是"顺者成人成物，逆者成仙成佛"。炼丹之途须经"炼精化气，炼气化神，炼神还虚"三个阶段。道家认为"还虚者复归无极之初，以完本来之性体"。而太极拳从初级到高级阶段，也完全是经过"炼精化气，炼气化神，炼神还虚"方可达到"形归无迹"的最高层次。拳家认为，大道无形无象，一切生于无，一切又归于无，有了"无"，其作用是无尽的。所以拳论云："太极之理，发于无端，成于无迹，无始无终。"太极拳练到最高层次，犹如道家"还虚"，以一个"○"形象形之。因而拳论言其状"一羽不能加，蝇虫不能落。人不知我，我独知人""全身处处都是拳，挨着何处何处击"。这就是太极拳家终身追求的"拳无拳，意无意，无意之中是真意"的最高境界。

"拳虽小道，所谓即小以见大者"矣。

二、论拳势呼吸法

"无气不为功，无功不成拳"。气、功、拳以呼吸为纽带连接成为一个整体，不可分，不可离。拳经云："拳为有形，气为无形。法是拳，理是气。法中之吞吐，为有形之行拳；理中之吞吐，为无形之行气。""一呼一吸谓之拳。"拳经歌曰：

拳打不见形，
要在疾中疾。
此中玄妙理，
尽在一呼吸。

从气、功、拳三者之间的关系可见呼吸的重要性，呼吸问题的研究与探讨在太极拳运动中是一个大问题。呼吸与气的关系、呼吸与内功的关系、呼吸与拳的关系，这几种关系均能在拳势呼吸上体现出来，因而所研究、探讨的"呼吸"，称之为"拳势呼吸法"。

"拳势呼吸法"之内含，是指太极拳行拳走架时，"合、虚、蓄、收、化"等动作为吸气，"开、实、发、放、打"等动作为呼气。通过在意念指导下的呼吸，能"调身法、疏经络，充内气、通周天"，有强健内脏器官功能、增强人体抗击打能力和提高武术动作爆发力的作用。

谚曰："学拳先学理，理通拳自明。"研究、探讨拳势呼吸法，应首先要弄清拳势呼吸法之理论根据。

我们平素打拳，常常会遇到这样一种情况：一个习拳者，练拳十年、二十年，往往体内感觉不到内气的鼓荡和循行，也更谈不上打通"大小周天"了。

这正如拳谚所云："练拳不练功，到老一场空。"

究其原因，是不懂呼吸之术所致。如果一个习拳者，几十年如一日，打拳只用一种自然呼吸方式，这是不能产生内功的。按照道家所言：自然呼吸属"顺呼吸"，即吸气时小腹凸起，呼气时小腹凹下。此称"顺者生人"，属"人道"。"顺者"，不能"炼精化气"，当然内功也就无从可言。

太极拳修炼和内功修炼是一样的，分层次、分阶段。从某种意义上讲，拳架是内功修炼的"活桩"。太极拳每个层次、阶段，采用的呼吸方式也是不同的。陈鑫按照"阴阳说"将太极拳从初级阶段到高级阶段分成五个层次，即"根头棍""散手""硬手""好手""妙手"。

"拳势呼吸法"研究之重点，是太极拳在每个层次、阶段采用"不同之呼吸方式"。

（一）太极拳第一层功夫"熟练拳架"阶段，呼吸方式为自然呼吸

拳经曰："拳者，权也"，"一阴一阳谓之拳，其妙处在互为其根而已"。意即是说，打拳过程中要使身体像一台天秤，随时保持阴阳平衡。学拳初始，学者，因拳套不熟，动作起来不协调，运动不成体系，拳势不到位，身上存在4种不正确的劲，即"僵劲、断劲、顶劲、丢劲"。所发之劲，是从一个动作跃到另一个动作的"零断劲"。故陈鑫称此谓"一阴九阳根头棍"。同时，行拳时呼吸也配合不好。习拳者往往呼吸不畅，气涌胸际，甚至有些习拳者呼吸急促，胸闷憋气。即便练拳一年半载，呼吸问题也未弄明白。

这一阶段在太极拳修炼中称为"熟练拳架"阶段，要经"学拳套、正拳架、掌握呼吸"的过程。"拳势呼吸"问题是本书阐述之重点，其他功夫不赘述。

打拳如何使呼吸不急促、不憋气、不气涌胸际？

拳经曰："太极求大道，乃纯任自然。"行拳贵在"静"，一呼一吸均要符合自然，也就是平常生活中怎样呼吸便怎样呼吸。"熟练拳架"阶段，因身体不协调、阴阳不平衡，呼吸问题也就成为重点解决的问题。拳经所云："一呼一吸均要符合自然。"这就是现在所称之的自然呼吸。其要领是：行拳时，要舌抵上腭，用鼻呼吸，吸气呼气要掌握"轻、慢、细、匀"。正如陈鑫所云："打拳以调养气血，呼吸顺其自然，扫除妄念，卸净浊气。先定根基，收视返

听，含光默默，调息绵绵，操固内守，注意玄关。"在掌握呼吸要领基础上逐渐与行拳动作配合好。

呼吸如何配合拳势动作，古今拳论、拳家都有很多论述，其中太极名家陈炎林所言极详。他说："大抵在盘架子时，收手为吸，出手为呼；升为吸，降为呼；提为吸，落为呼；合为吸，开为呼；动作转身及各式过渡之时，为小呼吸。小呼吸者，即呼吸不长，又呼又吸，而含有稍停息之象。"诸如此类，等等。行之熟练，自然而然，人体与拳势、拳势与呼吸、呼吸与动作就能合一，绝无气涌胸际、憋气之感。

此阶段，学会拳套，大体用 3 个月时间；"熟练拳架"，每日十遍拳，大体用半年时间；掌握拳势呼吸和拳势正架尚需 2 年时间。此阶段后期，拳势呼吸应逐渐向逆呼吸过渡。

（二）太极拳第二层功夫"疏经引气"阶段，呼吸方式为逆呼吸

拳论云："气者，生之本，经者，气之路，经不通则气不行。"太极拳进到第二阶段，身体的僵劲、掘力慢慢消退，身体也逐渐柔起来。但因"经不通、气不行，还不能以气运身"，行拳时往往产生"腿慢，手快，身不随"等散乱现象。故陈鑫称此谓"二阴八阳是散手"。

"疏经引气"阶段，其目标即是引内气打通任督二脉。道家称此为"炼精化气"，通"小周天"。此时，呼吸方式由自然呼吸逐渐过渡到逆呼吸。

"逆呼吸"为通"小周天"之不二法门，属"天道"。道家认为"逆者，成仙成佛"。逆呼吸可引气逆行，"炼精化气"打通任督二脉。其法：吸气时小腹内收凹下，膈肌上升，气聚于胃部；呼气时小腹凸起，膈肌下降，聚于胃部之气，一部分下入丹田，另一部分由鼻呼出。在与拳势结合上，"合、蓄、收"为吸气，"开、发、放"为呼气。

打拳时，逆呼吸欲与拳势配合好，关键处要调整好身法，"尾闾中正，神贯顶"是逆呼吸之诀要。其法：腰胯放松，尾闾根前送，会阴内收，臀部内敛，小腹托起，裆部吊起，内气自然逆行。行拳日久，柔顺之劲油然而生；日积月累，丹田内气充足。逆呼吸配合拳之一招一式，一开一合，内气上下鼓荡，在意念引导下，内气自然而然逆行冲贯督脉。而后，提擎周身，神贯于顶，意气自然上下通达，"小周天"通矣。此术古拳谱中称为不传之秘。少林

名此为"丹田提气术"。

"疏经引气"不是一蹴而就之功，如不得法，打拳十年、八年任督也不得通。"学太极拳，着着当细心揣摩。一着不揣摩，则此势机致情理终于茫昧"。"疏经引气"阶段，需经掌握逆呼吸之法、引气之法、通络之法，冬练"三九"、夏练"三伏"，并坚持有恒，三个春秋，始得问津。

（三）太极拳第三层功夫"内外相合"阶段，呼吸方式为丹田呼吸

学太极拳，不可不明理，作为一般的拳法，只能起到锻炼身体、运动身体而已，难以问津太极功夫。究其根源，是"其内里功夫，则在经络气运行"，如"不能一气贯通则于太和元气终难问津"。

太极拳进入第三层功夫初期，一气尚未贯通，内外尚未相合，故陈鑫称此为"三阴七阳是硬手"。并云："打拳行到此地，注意不可散，功不可停，一散一停，丹不成矣。"练拳至此阶段，从"内里功夫"上讲，是由"意念周天"演化为"经络周天"阶段，也就是疏通十二经脉，一气贯通"大周天"。

拳势呼吸之术，也由"逆呼吸"逐渐转化为"丹田呼吸"。呼吸如何配合拳势，一是要掌握"丹田呼吸"的方法，二是行拳之时"求静"。

"丹田呼吸"，有的称为"内呼吸"，其实行拳时表现为"绵绵若存，用之不勤"，这种状况"尚属气息调养运行"，也就是说还没有完全离开肺呼吸。这是因为"丹田"不是人体的一个器官，而是人体的一个部位。古称丹田在脐下一寸三分处，即在下腹部少有骨骼的部位。道家称此为"炼精化气"之所，是先天气之"炉"。

丹田呼吸运动方式，主要靠腹肌、腹腔、胃肠、会阴以及相互连接的骨骼、器官之能动性。加之"以心行气""以气运身"，气在穴内鼓荡，使内气在腹部能起伏、能上下、能聚散、能旋转、能快慢。马虹先生称此为"小小周天"。他说："内气由肚脐而下至丹田，再下至会阴，再后上至命门，再从命门穴到肚脐，形成一个'小小周天'。呼气时，略凸腹（小腹）任脉之真气沉归丹田，经脉之气部分发放，部分循任脉沉入丹田；吸气时，略收腹，气从会阴后提升命门，形成气贴命门、气贴脊背，呼时再力发脊背，同时小小周天其气不断循环。"

打拳时，丹田呼吸趁着缓和的拳势动作鼓荡；而缓和的拳势动作趁着丹田

呼吸的鼓荡而开合。配合的要自然而顺遂，头脑要虚静，一静则气动。四肢是梢节，不可自动，以意为主使，以气来牵引，无论伸缩开合，无论收放来去，都要以意气的牵引为主动，由腰脊来领动，凡一切动作必须将"心、意、气"一起融入拳势之中。由内达外，形于内，"心与意合，意与气合，气与力合"；形于外，"手与足合，肘与膝合，肩与胯合"。练功日久，自然内外相应相照，内气收敛入骨，通于经脉，鼓荡周身，达于肌肤，内劲自通。"此即太极拳之本然"。

拳势呼吸法，不能理解成"绝对"和"统一"的呼吸表。太极拳虽然分层次、阶段采用不同的呼吸方式，但每一个呼吸方式之间都有一个学习、掌握的过程，不是截然分开，又何况每一阶段须经几年时间。而且每个人的技能和理解不同，呼吸是无法要求一律的。同时，特别在太极拳高层次阶段的呼吸方式，均要采用自然呼吸、逆呼吸为辅助呼吸加以过渡调节，这样才能保证呼吸与动作结合的自然顺遂。

（四）太极拳第四层功夫"周身一家"阶段，呼吸方式为胎息（脐息）

练拳进入第四层功夫，武术技能已具有较深的造诣，陈鑫称此阶段谓"四阴六阳显好手"。四分阴、六分阳，阴阳接近平衡，当然称之为好手。陈鑫还以"从大圈、中圈、小圈、小小圈到无圈"形象比喻太极拳五个阶段的运动规律。如果说太极拳的第二层功夫到第三层功夫即为"中圈"至"小圈"的阶段，而第四层功夫就到了"小小圈"阶段了。陈鑫言圈，其真正含义不是指外形手足运行轨迹，而是指内气运行。陈鑫明言："圈是周身转，不但手足，而手足在外易见，故以手转言之。"

研究拳势呼吸，必须从每个阶段的内功去剖析。陈鑫所言："圈是周身转。"无疑是指内气循十二经脉运行的"大周天"。圈越大，内气运行时间相对要长，速度相对要慢。而武术气功的特点正相反。"拳打不见形，要在疾中疾"。内气运行要求要"快"。解决"快"的问题，欲从何入手？拳谚明指："此中玄妙理，尽在一呼吸。"因而要从呼吸入手研究探讨。

"周身一家"阶段所用何种呼吸？古拳谱中已明示："习拳必先运气。运气之初，自命门达肢体，由臂使臂，由臂使指。若逆行之，其气不去来丹田，艺无由进，故一节偶动，则全身力至，如气球走马一般，中有热力旋转，彻上彻下，任外界之千摇万动，其主乃然自如。唯其中二气之真，既胎息之。"

文中所言"一节偶动，则全身力至"，此即"周身一家"之述；"唯其中二气之真，即胎息之"，明示"周身一家"阶段，所用呼吸方式为"胎息"，即"脐息"。

"脐息"，这种呼吸方式叫先天生态，也叫"胎息"。如胎儿在母腹时先天生态情景。胎儿不以肺为呼吸系统，而以肚脐呼吸，引动丹田先天之气流动，再推动气血，循行十二经脉，周而复始于全身，来维持生命。道家认为："人在母胎时叫做太极（半阴半阳相合），是性命合一（乾坤阴阳合一），生命之根集中在肚腹部位，以'绵绵若存，用之不尽'这种先天生态方式而生存。"

"先天生态在脐带切断后，即告结束，这时阴阳分开、性命分开，即《易经》所说的乾为首，坤为腹，胎儿的'胎息'系统即告闭塞。从此后天生命开始，新生儿改变成以肺为呼吸到横膈膜为止的后天生态的呼吸，不再到达腹部"。

太极拳练至"周身一家"时，内气运行已不再是严格意义上的道家"经络周天"。道家"经络周天"是内气循经而行，而此时内气一反循经而行之规律，而是根据拳势之要求，时而上行，时而下行；时而顺行，时而逆行；时而左行，时而右行；或上下、左右、顺逆并行。这就是有的当代太极拳名家反对呼吸与周天功结合的问题所在。这一"内气乱行"，古拳谱中称之谓"气分路"。这是拳势呼吸之高级阶段。

"气分路"，非"脐息"不能完成。"脐息"吸气直入丹田，引动五脏之气下入丹田；呼气，内气经两肾，出命门，达四肢。正如陈鑫所云："出肾入肾是真诀。"并明指"人之一身，以腰为界，气往上下行，中间以腰为界"。"腰以上气往上行，腰以下气往下行，似上下两夺之势，其实一气贯通并行不悖"。这就是"唯其中二气之真，即胎息之"。

脐息与拳势配合上表现为"以心（意）行气，以气运身""气由丹田发起"。其法："心气一领，丹田气上行，六分至心，又一分为二，三分上行至左肩，三分上行至右肩，皆是由肩骨缝中贯到左右指头，其在骨缝中者谓之中气，其形于肌肤者谓之缠丝劲；其余四分，亦为两股，二分行于左股，二分行于右股，皆是由骨缝中贯至左右足趾"（陈鑫语）。

"脐息"掌握之法，练拳以"静"为主，同时，还需以静桩配合掌握功法。"脐息"练至"呼吸通灵，周身罔间"之时，便会"五行（五脏）之气归一"。此时"万脉归宗"，手足三阴、三阳经内气并行不悖。拳经称此为"一气贯通，并行不悖"。古拳谱云："如果五行顺一气，放胆即成功。"意思是说，"五行之气"爆发力"如火焰、如飞箭、如沉雷、如大力、如快风"。"其神化不可以方物，其力量不可以计数。故无论万众奔突，一触便倒，岂仅敌一二人已哉"。

（五）太极拳第五层功夫"形归无迹"阶段，呼吸方式为体呼吸

拳论云："太极之理，发于无端，成于无迹，无始无终。"太极拳练至"形归无迹"时已至太极拳最高境界。犹如道家内丹术"炼神还虚"。道家认为："还虚者复归无极之初，以完本来之性体。"拳家也认为："大道无形无象，一切生于无，一切归于虚。有了'无'，其作用是无尽的；有了'虚'，虚则无所不容，虚则无所不应。"

太极拳进入"形归无迹"阶段，练拳"内外一如与太虚同体"。拳势动作完全"以神主行，以气主动"。人之感觉"静中触动动犹静，动则归静静归无"。这种"身无妄动，心无妄想，由内气发动之动，动而归静"的练拳法，就是"大道至无之修""太极混沌之炼"。这种"神主行，气主动"的大道之修，必然是元神归位，所练出的功，也必然是后天返先天，以完无极本来之性体；周身内外必然成为浑圆一体，犹如无极原象——圈"〇"形。正如陈鑫所云："练过十年以后，周身混沌，极其虚灵，不知身之有我，我之为身，亦不知神自气生，气自有神。"这种"拳无拳，意无意，无意之中是真意"，正是拳家终身追求之境界。

"太极混沌之炼""大道至无之修"的呼吸问题，古人有多种说法：有的认为"脐息"，有的认为"踵息"，有的认为"龟息"，有的认为"体息"。晋代葛洪云："胎息能不以口鼻嘘吸，如在胞胎中，其道成矣。"《庄子》则云："真人之息以踵。"宋代苏东坡却认为是"体息"，云："一息自注，不出不入，或觉此息从毛窍中八万四千云蒸雾散。"

从中医学理论解析，太极拳"形归无迹"阶段，呼吸方式必然是"体呼吸"。只有"体呼吸"才能实现"体内外无圈"，"形"才能"无迹"。中医理论认为：肺主气，司皮毛的开合；足太阳膀胱经主一身之表，司气化，也司皮毛的开合；认为皮肤毛孔则是人身气化的门户。这一理论从气功锻炼的实践中得到证实。气功（内功）锻炼能强化体表的呼吸功能，一旦从体表进入体内的

氧气与丹田呼吸相结合，皮肤、穴窍的呼吸作用便会强化。引丹田发动，元气流动，再推动气血，沿十二经脉的循行路线，周而复始的循环周身。这种呼吸方式正是"太极拳混沌之炼"所需要的。

太极拳当练至"心中不装一物，清净无为，全身圆融无碍，内外如一"之时，自然全身毛孔、穴窍张开，内外气体交融，氧气进入体内，二氧化碳排出体外，实现了"一息自注，不出不入"体呼吸之功能。可想而知，全身八万四千个毛孔张开吸进氧气，引丹田真气达四梢，人体岂不成"气球"状。

至此，拳术功夫已达"出神入化、奥妙无穷"之境，内气已达皮肤之外，毫毛之间，外力越强，反弹力越大。正如拳经所云："身如火药，一触即发。""全身无处不是拳，挨着何处何处击。""一羽不能加，蝇虫不能落；人不知我，我独知人。"陈鑫有诗云："唯有五阴并五阳，阴阳无偏称妙手。妙手一着一太极，空空迹化归乌有。"这种"神穆穆，貌皇皇，气象混沌，虚灵具一心，万象藏五蕴"之景况，不正是拳家终身所追求的"形归无迹"之境界吗！

"拳虽小道，所谓即小以见大者矣"。

至此，有人要问，此功几时能练成？其实陈鑫早已明言，他说："拳家以躬行为主，但先难而已，不可预期后获。妄念横胸，拳艺不能长进。""但以目前粗疏者言之，大成则九年，小成则七年，至于精妙，亦终身不尽之学。"

三、论太极拳成势人体各部位之规矩

古人说："演拳之法，总要讲明，学之不讲，只是犹食而不知其味者也，虽多亦奚为！演拳之法，虽经师讲，尤须自参。盖拳中之理千变万化，层出不穷，必触类旁通，闻一知十，方能自善其用。"陈鑫也说："今之学者，未用功先期效，稍用力即期成。"并引用前贤云：师者，"能与规矩，不能使人巧。"这就是说练太极拳是不能取巧的，是一个持之以恒的过程。"小成则三年，大成则九年，至九年之候，可以观矣。抑至九年之后，自然欲罢不休，蒸蒸日上，终身无驻足之地矣"。因而学拳者首要的问题是弄清太极拳的种种规矩。

太极拳盘架走势，都是严格按照规矩对人体周身各部位进行形体组合，因而学者弄清对周身各部位的具体要求显得十分重要。目前，太极拳流派甚多，风格各异，规矩各有不同，此书谨就从太极前贤和前辈之拳理、拳架学习所获，对人体各部位之规矩阐述一斑。

古拳谱将人体各部位称之为"周身秘诀十二项"，而太极拳也有着自身的特点。如在拳论中，对肘、裆、胯、肫等部位，就有着严格的要求，在这里借古人之言，将人体各部位归纳为"周身秘诀十六项"。

（一）头部

"头者，身之魁，直竖而若顶千斤，不可抬高，不可俯视，向左则略顾左，向右则略顾右，随身法以相应"。太极拳谱要求"虚领顶劲"即是头顶劲向上虚虚领起，保持立身中正，不能歪头，前后左右不可过，过则僵滞。陈鑫言其规矩：顶劲领起来，乃是中气上提。若有意若无意，不轻不重，似有似无，心中一点忽灵，劲流注于后顶，不可提过，亦不可不及。提过则上悬，不及则气留胸中。

头之大脑为中枢指挥部，指挥身体各部位协调一致。太极拳所指"心""意""念"俱在此，为令，为帅。陈鑫说："其枢纽在一心。心主乎敬，又主乎静，能敬而静，自葆虚灵。""心之所发为之意，其一念之发，如人平心静气，则手法、身法自然端正。""而后百骸所形自然中规中矩。"

（二）眼部

"眼者，身之主，宜精神注射，破敌全凭之"。古拳谱曰："百拳之法，以眼为纲。"又曰："如天上有日月，对敌时，或开或闭，或虚或实，或高或低，俱要一眼观定，然后进破。"故先贤曰："由诸心，而发诸手，眼为尊焉。"

打拳盘架时，眼要平视，不能低头，眼随手注。陈鑫说："打拳之时，眼不可斜视，必随手往还。"陈鑫为说清"随手往还"之意并举例以佐。他说："如打懒扎衣，手到头，眼亦到头，注于中指角上，不可他视。""打单鞭，眼注于左手发端处，随注左手，徐徐而行。至单鞭打完，眼即注于中指角上，不可妄动。""打斜行拗步，右手在前，眼着于右手。""打抱头推山，两手虽俱在前，而以右手为主，眼虽并注，而注于右手居多。""打指裆捶，眼注于下。""打演手肱捶，眼注于前。"眼注何处？"大抵上下四旁，某处当令，则眼神注于某处，此是大规矩"。

（三）颈部

颈为头目之枢，上下相顾，呼吸相通，以灵活为主。要直竖而不可太偏，顾左顾右，随身法以相转。拳谱规定打拳"立身须中正安舒，支撑八面"，百会穴与尾闾穴要"上下一条线"。其关键处就在于颈，颈要直竖不可偏，这样才能保证打拳时在形体上、神态上都自然中正，不偏不倚，身体平衡。

（四）肩部

肩为一身之前锋。古拳谱曰："一身筋力在肩头。"拳之妙，以肩为重，而手不过补之。然肩之所用并非一种，有"八面肩头"之说，即直肩、靠肩、压下肩、倒后肩、倒前肩、射起肩、陡起肩、凝挺肩。与人交手，宜带靠而陡来，宜下与膝相对，不可过于膝，亦不可及于膝。

在拳架中，"要求两肩平正松沉，忌拱肩、扛肩、晃肩、耸肩、探肩"。陈鑫说："打拳运动，全在手领，转关全在松肩，左右肩松不下来，则转关不灵。"有人在习拳时追求腰劲，而往往形成晃肩；有人追求含胸，而往往过分前卷，形成探肩。

陈式太极拳用肩之法讲究"靠"，有前肩靠、侧肩靠、背折靠、七寸靠等。拳经曰："远用手，近用肘，沾身用靠无处走。"谱云："临敌两眼注敌之肩，不可他瞬。敌左肩向后动，必出右手，右肩动，必出左手。用腿时，肩必下沉，或后仰，此为不可移易之表示。"

（五）臂部

臂乃一身之门户，泛称胳膊，指从肩到腕的部分。在古拳谱中，臂被称为人身八锋之一（手、肘、肩、臀、臂、膝、腿、脚）。言与人交手时，"宜狭不宜开，开则身法涣散，敌人可揭可挑，而我之身难保矣。宜以气应之，臂力使上，则气吸上，臂力使下，则气降下，臂力开，则随身法而相转"。

陈式太极拳谱中提到臂一词几乎鲜见，其实只不过称谓不同。臂在陈式太极拳中大都称为"肱"（肱，也泛指胳膊，即由肘到肩的部分）。如拳套中有"掩手肱捶""倒卷肱""夺二肱"等。陈鑫说："手中日月画太极，此道人人皆不知，所画之圈有正斜，无非一圈一太极。"太极拳的主要特点就是非圆即弧，也就是说臂（胳膊）在画圈运动中是主角。陈鑫谈到顺缠劲时强调"胳膊劲由心发""内劲由肩臂而形于指甲"；逆缠劲则是"内劲由指肚而收于腋肩臂"。这就是拳论中所说的"节节贯穿"。

（六）手部

古拳谱云："身之围护者手也，要轻松圆活，刚柔相济，上下前后左右相顾，更有变阴变阳之妙，长短伸缩之玄。"拳家称"手为攻击防御的第一道防线"，因而有"手为两扇门之说"。谱云："手之门有三，手腕一也，此大门也；肘心二也，此进一层，外二门也；膀根三也，此更进一层，三门也。进此门已进内院，可以登堂入室矣。"故交手时，拦其手，谓之头门，拦其肘，谓之二门，制其膀根，谓之三门。此登堂入室之法。

手在陈式太极拳势中，其型分三种：掌、拳、勾。陈鑫言其重要性时称"手为传令官"。云："打拳全在用心，心机一动，欲令手上领转圈，手即如其意以传，此令发者在心，传令者在手。"又云："打拳运动，全在手领。手随心而到，机至灵也，动之速也，故观其手而知其心。"

古拳谱有"拳打八字说"，即："拳出有字，收回有法，起、落、钻、翻、崩、转、横、竖者八字""即手之动往上是为起，手之动往下是为落，手自另一手上或下前出是钻，臂手一翻由阴变阳是为翻，手腕一弹是崩，手腕稍一扭是为转，臂手向外一靠是为横，手前出是为竖"。这些"规矩"明白自会在行拳过程中潜移默化。正如陈鑫所言："打拳其中，自有理以宰之，始则遵乎规矩，继则化乎规矩，终则神乎规矩。"

（七）胸部

人体"颈下腹上的部分"称其胸。古拳谱云："胸乃我身之墙壁，宜开之成其一片，亦不可俯仰，两手常须护持，毋使敌人攻入。"

历代拳家对胸部看成"紧要处"。李亦畬在谈到太极拳"五字诀"时说：一曰心静，二曰身灵，三曰气敛，四曰劲整。在上四者俱备后，总归神聚，其五曰神聚也。神聚，"其精神要贵贯注，紧要全在胸中"。同时他在"走架打手行功要言"中强调"欲要神气收敛入骨"，其紧要处在"含蓄在胸"，劲才由

67

内发。武禹襄在谈到"身法八要"时,首要便是"涵胸"(含胸)。

在拳势中,胸不可挺,不可凹,要往下松,两肩微向前合,胸部做到松空,气往下沉,重心得以稳定,运化显示灵活。如要挺胸,则造成胸肌胀实,气浮于上,不能气沉丹田;如要凹胸,势必使胸肌紧缩横气填胸,影响气血上行。陈鑫说:"胸部含住,腰劲即下。"这说明胸与腰在拳势中有着非常重要的内在联系。

(八) 腰部

"身之枢轴者腰也"。古拳谱云:"腰要灵活圆熟,直鞭坚固。况力皆从腰出,气亦由腰所运;一屈则气阻力闭,上下不能相通矣。"拳论曰:"腰如车轴,腰如纛(音'道',古代军队里的大旗)。"这就告诉我们腰部正确的姿势应是松活、正直、沉稳。

松活,即是松腰、松胯,使腰部肌肉自然放松,增强灵活性。

正直,即是腰脊竖起、挺直,腰脊上与百会、下与尾间保持中正,上下一条线,"立身须中正安舒",即是此意。

沉稳,即塌腰,腰胯微微下坐,使气下沉丹田,两足有力,下盘稳固,上肢缠绕不漂浮。

腰是太极拳内功的核心部位(胯上胁下的部分)。拳家认为:命之在腰,寓寄全身中心,亦寓寄腰肾动气。其劲源动于腰,其真气亦由腰肾间发。陈鑫云:"人之一身,以腰为中界,腰是上下体之关键,腰以上气往上行,腰以下气往下行,似上下两夺之势,其实一气贯通并行不悖。"《十三势行功歌》故曰:"刻刻留心在腰间,腹内松净气腾然。"

综上所述,在拳势中腰脊为第一主宰。太极拳运动是人身上下、前后、左右的空间曲线运动,其特点就是一动全动,基础就是以腰为轴、为中心,使周身9个主要运动关节贯穿起来,如九曲圆珠,一动无有不动。从而可以看出腰有6大作用:即立身"中正在腰";虚实"变换在腰";命意"源头在腰";行气"中枢在腰";发劲"主宰在腰";转关"枢纽在腰"。

(九) 臀部

臀即屁股(髋骨后侧肌肉),"下身之所重者在臀"。古拳谱云:臀"宜与肩相应而成一片，肩过右则摆右，要陡然相冲而带压下，故一身之筋骨紧贴敌人身上，所谓百法收来无空闲是也。"所以臀为人身八锋之一，以锋攻敌，无不利也。"琢磨者，虽颠而实不颠（脚法为颠），虽狂而实不狂也"。歌诀："身臀一片须颠进，将人掀跌独擅长。"臀紧贴身为满盘，此中管之妙，不可不知也。

在太极拳势中有"泛臀"之说，拳家认为泛臀是塌腰、合腹、圆裆、开胯、合膝的必然结果。泛臀绝不是撅屁股。马虹先生说："两腿根里侧，会阴处即为裆，打拳裆要圆。""会阴穴两侧为两块髋骨，俗称胯，胯要松；髋骨之后侧肌肉为臀，臀要自然下沉。裆、胯的运化，多在立体螺旋的前提下，走一个横形'∞'字，从左右大腿根部上下缠绕、里外翻动。出入劲皆交会于会阴穴处，形之于外，则表现在沉左臀翻右臀（"翻"有的作泛）。两臀上下主体螺旋翻沉，不许左右摇摆，更不许撅臀。"

（十）腿部

古拳谱云："腿管脚之挽力。腿亦有功焉。宜悬而缩，宜活而用，要循腰藏阴而带曲尺样，此下盘之紧密处。"腿的技击性非常强，谚曰："手是两扇门，全凭腿打人。"在拳套中有腿功的拳势比较多，如"左右擦脚""双摆莲""十字摆莲""二起脚""旋风脚"等。

腿部包含胯、膝、脚，打拳时要求两胯根要撑开，使裆撑圆，旋转灵活，步幅能大开，踢腿能踹高。顾留馨先生言："凡马步须胯与膝平，弓蹬步的弓腿须胯与膝平，虚腿迈出时也须胯与膝平，这是发达腿肌、膝关节，增强支撑力的练法。"

（十一）膝部

"膝是下盘之门户"。谱云：膝"宜平分内里，不可外开。若开则足尖亦开，下盘必不密矣。要在略带压下跪势，仗身法坐至将平即住。若过于坐平则腿力不坚，腰曲无力，种种失真矣。"歌曰："肘有尖兮膝有盖，膝盖更比肘厉害，左右勾连一跪倒，金鸡独立法无奈。"拳论言："足来提膝，近便用膝。"表达出膝为下盘之门户矣，在防守上，"足来提膝"是以膝破腿之法，同时还可以对付撩阴腿，起到护裆的作用；在进攻上，"近可用膝"，用膝可上顶敌方裆、腹之处，同时膝可里扣外摆、跪膝等可防可攻。

习拳时，膝在拳势中也是一把尺子，弓步膝头不可过足尖，过者为病，为跪膝；马步胯须与膝平，坐过了，则称为病，为"荡裆"。

（十二）足部

谱云："足系一身之根，根不稳，则百体难强，皆为虚器矣。妙在足趾钉下，足根坚固，不可虚前虚后。进步宜轻，踹步宜速，探步宜活，其余百盘步法，俱遵成势运用。根即坚固，周身俱活，随其所之，无不颠人矣。"从上述可见，足是步型、步法的根基。根基不稳，步法必乱；根基稳固，可进步占势，退步避锋，技击变化无穷。拳论云："远可用足，近可用膝。"距敌远，可蹬、可踢、可弹、可踹、可扫、可摆等；距敌近，可钩、可挂、可踩、可踏、可跺等方法。

在太极拳势中，足是运动的基础。两足踏地时，足掌要踏实，五趾要抓地，涌泉穴要虚。需要外开里扣时，要以足跟为轴，足掌擦地外摆或里扣，不许足尖翘起。如需以足掌为轴转动时，则足跟擦地外开或里扣。

提足出步时，要轻灵，如履薄冰，如猫行。能做到出去之足，可以在上身重心不移动的情况下，足能轻灵的收回来；退步时，则要沉稳，可顿步发劲。

两足虚实转换时，重心偏左足或偏右足，多系四六开或三七开，也有二八开的。

震足（脚）时，要求全足（脚）放平，松腰，松胯，意、气、力完整一体松沉震下，不可仅用小腿，足掌用力下跺，以防伤足。

（十三）肘部

肘被拳家称为"进击和防御的第二道防线"。古人曰："拳肘者，人之羽翼也。"肘法在太极拳技击用法中占有极其重要的地位。其用法分为宽、窄两面。宽面是指从手腕到肘尖的部位，杀伤力相对较小；窄面指肘尖，其杀伤力强，轻者致伤，重者致残致命，不可轻用。

歌曰："两手垂分两肘弯，三请诸葛人难防。屈可伸兮伸可屈，看来用短胜用长。"因而有"宁挨十手，不挨一肘"之说。陈式太极拳势中有"搬拦肘""拗鸾肘""顺鸾肘""穿心肘""窝里炮"等。

在拳势上有"松肩垂肘"的要求，拳家认为松肩垂肘可使整个手臂放长。

当手臂进行螺旋缠丝运动时，就是以垂肘作中心的。道家"九一"真言，有的拳家认为是从深层次探讨了太极拳之理、炁、象及应用方面的全部道理。"九一"真言共三十六字组成，即："心无一尘，炁分两仪，身含三才，肢为四象，脚踩五行，劲聚六合，动变居七，肘运八卦，交点九宫。"其中一句就说到肘，"肘运八卦"拳家释为"手以肘分，脚以膝分，以此演练，身转步移，则变为八卦相荡，体现五行生克、阴阳相济、刚柔既摩之内涵"。

垂肘在太极拳势中，极能体现圆活的形体运动，符合螺旋缠绕的规律。要求"肘不离肋，肘不贴肋"，腋下留有一立拳空间，便于行拳、推手时两膊有回旋余地。

（十四）裆部

"两腿根间谓之裆，即会阴穴也"。对于裆，各式太极拳都有不同的要求。武式太极拳《身法八要》中提到"裹裆""吊裆"。而陈式太极拳的要求是"圆裆""开裆"。陈鑫云："两大腿根要开，裆开不在大小，即一丝之微亦算得开，盖心意一开，裆即开矣。不会开裆者，腿虽岔三尺宽，不开仍然不开。是在学者细心参之。"

陈式太极拳的"圆裆"也有不同的说法，马虹先生认为"裆任何时候都要保持圆""裆有开有合（合裆又称扣裆，开合变化又称调裆），但不论开或合，裆都要虚圆"。

顾留馨先生认为："动势时裆要开，成势时裆要合，裆不开则腰腿动作不灵活。动势时虚腿迈出，两膝分向相反方向前挺，这是开裆，起到伸筋拔骨的作用。裆不合则骨节松而力不聚，成势时塌腰落胯，两膝盖微向内合，这是合裆，而两胯根仍要松开撑圆，谓之'外合内开'。"

"太极拳以虚灵为本"。古人云："获得真诀好用功，苟不详为辨别，则真妄费工夫矣。"打拳如果规矩弄不清楚，真是妄费工夫呀！圆裆的真正含义是使腰塌下来、胯松下来，腰、胯、裆三者形成一体，保持身体转换、合开、虚实的灵动，内劲运转自如。

（十五）胯部

会阴穴两侧为两块髋骨，俗称胯。胯是人体上下运动的总枢纽。歌曰：

"一胯擎起一胯落，起落高低使用多，下体枢纽全在此，莫把此处空蹉跎。"

松胯在拳势中占有极为重要的地位。马虹说："下肢虚实，上肢轻重，以及上下对拉拔长，上下相随，都要通过松胯、旋腰的螺旋运化来完成。"

胯，在实战中应用拳家称为"胯打"。胯的转动不仅使腰、腿灵活，而且在贴近敌方身体时，可用胯打敌方的腰、腿部。

（十六）肫部

肫（音"谆"），"有人把肫字当做臀的简写，误也"。肫，禽类的胃。太极拳所言"肫"是借指人身的大腹部位，即从胸之下小腹之上的两肋部。

护肫为武式太极拳的重要身法。身法是贯穿于拳势之中的，拳论指出："肫不护，则竖尾无力。"这就说明护肫与竖腰关系的重要性。太极拳成势时"先气沉丹田，后以气贴腰直，前两肋前敛，后腰椎竖起，腰不后靠而身有主也"。

四、论太极拳缠丝解

任何拳种都有其自身的主要特点，陈式太极拳的主要特点就是"缠丝劲"。陈鑫说："打太极拳须明缠丝劲。""不明此，即不明拳。"陈式太极拳的缠丝劲，也是区别于其他拳种而自身具有的独特拳理、拳法。它要求拳势运动，动作无论大小、快慢、开合、刚柔、虚实都要走螺旋式的运动形式。从腰、丹田到四梢，从五脏百骸到肌肤毫毛，都在非顺即逆的反复旋转中运动，缠绕往来，非圆即弧，使太极拳动作形成以缠丝劲为核心，以内气为统驭的一个完整的运动体系。这其中的奥妙在哪里？至少从3个方面去解析。

（一）明缠法

何为缠丝法？先辈太极拳家在其论著中有很多论述。陈鑫这样说："太极拳缠丝法也，进缠、退缠、左右缠、里外缠、大小缠、顺逆缠。而要莫非即引即缠，即进即缠，不能各是各着。若各是各着，非阴阳互为其根也。"

1. 缠丝须求"有形之迹象"

其实打太极一道，心中各有一把尺子，也自有权衡，"以无形之权衡，权有形之迹象"，因而也就有了各自对缠丝法的理解。要掌握缠丝的方法，光谈"概论"是不够的，也难以掌握。必须求"有形之迹象"。

"缠丝"是腰和四肢运动的一种形式，也是输送内劲的一条运动路线。

在全身这种运动路线有两条：一条自左足跟至右手指；另一条自右足跟至左手指。中间交叉于腰脊，形似算术题中的"×"形（乘号）。拳论云："劲起于足跟，主于腰间，形于手指。""主宰于腰"就是这两条线交叉于腰，力点交汇处的作用。

这两条线的运动形式是螺旋式上升或下降的曲线，反映在人体上分为三节，即上节、中节、下节，或称上肢、身躯、下肢三节。拳论云："上节不明，无依无宗；中节不明，满腔是空；下节不明，颠覆必生。"至于气之发动，要从中节起，梢节随，根节催。按照这条理论，我们做一个"小小实验"，即：先将两腿分开，稍宽于肩，而后将双臂向斜上方分别举起，形成"×"形状（乘号状），然后先从腰脊起动，进行螺旋式转动起来。从这个"小小实验"中就会证明：在一条斜线上，如果左腿是逆缠（膝头向里旋），右手必然是顺缠（右掌向外旋）；如果右腿是顺缠（膝头向外旋），左手必然是逆缠（右掌向里旋）。

这种缠丝是通过螺旋缠绕将全身关节一线贯穿，"一动无有不动"来完成的，同时通过这种螺旋缠绕将这两条斜线变成了两条曲线，每条曲线类似于"S"形线，如果我们在每条"S"形线的外边加上一个圆圈"○"形，岂不成了一个太极图像"②"形。

这岂不正如陈鑫所说："手中日日画太极，此道人人皆不识。""所画之圈有正斜，无非一圈一太极。""每日细玩太极图，一开一合在吾身。"其实太极图就在我们身上，就看你能不能识别。

这个"小小实验"也进一步证明，手、足缠丝运动路线是通过交叉于腰脊来实现的。拳经所说：缠丝劲"主宰于腰"，是通过腰来实现上肢与下肢的串通，根节劲（足跟）通过中节（腰脊）的"×"的交汇点传递至梢节（手指）；反之，手指（梢节）的领劲，亦通过中节（腰脊）的传递，下落至跟节（足）。"节节贯穿""主宰于腰"的重要意义就不难理解了。

这个"小小实验"还进一步证明，"螺旋缠绕"的核心是顺缠与逆缠，掌握了顺、逆缠的运动规律，举一反三，触类旁通。

如何把握顺、逆缠的运动规律？它们的区别是什么？其区别主要区分在内旋与外旋上。

2. 手的顺、逆缠法

手的顺缠：手向外旋，掌心由内向外翻，以小指领劲、拇指合，依次至小指，顺时针方向旋转。

手的逆缠：手向内旋，掌心由外向内翻，以拇指领劲、小指合，依次至拇指，逆时针方向旋转。

3. 腿的顺、逆缠法

腿的顺缠：以膝头向裆外旋转，由里往外上再向下斜缠。
腿的逆缠：以膝头向裆内旋转，由外往里上再向下斜缠。
缠丝劲的主要技术特征，它不是直线弧形运动，而是曲线弧形螺旋式运动。拳家把这种运动形式比喻成"像地球在公转时不断地自转"。这种"地球公转"，就是人身三节的螺旋曲线；"地球自转"，就是手、腿的阴阳转换。

表现在上肢上，是旋腕转膀；表现在下肢上，是旋踝转腿；表现在躯干上，是旋腰转脊。"三节"结合起来，就形成了"根在足，主宰于腰而形于手指"的立体空间螺旋曲线。

（二）懂法门

太极拳是意、气、神、形的运动，既练意又练气，既练神又练形。通过以意行气，以气运身，才能使其意之所注，气之所至，行乎三节，现乎四梢，统乎五行；才能达其劲由内换，内气潜转，内外合一；才能实现意、气、神、形的高度统一。

太极拳实现这一境界之法门何在？陈鑫说：丹田气，"其在骨中者谓之中气，其形于肌肤者，谓之缠丝劲"。又说："缠丝者，运'中气'之法门。"陈鑫清楚地阐明，中气与缠丝的关系是辩证关系，两者可互为转化。缠丝是中气运行的动力，中气通过缠丝可转化成缠丝劲。

"缠丝"它具有两种功能：一是运气，二是使气。其中奥妙正如拳经所云："法中有诀从何取，解开其理妙如神。"

1. 运气

所谓"运气"，即是用意念引导丹田内气，通过缠丝达其人体所需部位。运气之关键，在于如何敛气入骨。

首先，须知中气所行之路。人之脑后二股筋之间其无筋处，是中气上下流通之路，下行脊骨之中，至二十一椎止，此处一通，则上下皆通，前后任督二脉形成环流。"四肢中所运行之中气，亦即此中气之旁流"。正如太极前辈所言："上下一条线"是指在"立身中正""不偏不倚"中运行缠丝，才可得"中气"上下之贯通。

其次，须掌握运气之法。其法："人之一身，以腰为界，气往上下行。""心气一领，丹田气上行，六分至心，又一分两股，三分上行至左肩，三分上行至右肩，皆是由肩骨缝中贯到左右指头，其在骨中者谓之中气，其形于肌肤者，谓之缠丝劲。其余四分亦分为两股，二分行于左股，二分行于右股，皆是由骨缝中贯至左右足趾。"此为中气运行，一气贯通。不过"中气所行之路，亦最难名。无形无声，非用工夫久不能知也"。

2. 使气

所谓"使气"，即是通过螺旋缠绕，将中气转化为缠丝劲，为我所用。

这种缠丝劲，"源于心，起于丹田，行于肌肤，毫毛之上"。缠丝随心劲而动，遍布周身，"八手""五步"无不贯穿其间。或掤、或捋、或挤、或按、或采、或挒、或肘、或靠，无不随从人愿；或进、或退、或左、或右、或中定，无不随心所欲。"八手""五步"每招每式都离不开缠丝劲，而缠丝劲莫不以中气行乎其间为我所用。

（三）知真诀

打拳有各种身法，有直有曲，有正有斜，但"缠丝要得身桩放正，不可摇曳，足踏实，裆开圆，硬气柔下，一样不缺，元气不脱"。其内涵是心、神、意、气缠绕抽丝，其外部表现是形体上的螺旋运动。拳家认为：缠丝要"由里及表，由中而发，内缠外绕相联合一，显于外是螺旋运动，隐于内是缠丝运行，里缠为体，外缠为用，里缠是心神意气，外缠是筋皮肉骨"。所以拳家认为："由内及外是真诀。"其实，缠丝发源于肾，起于下丹田，遍布全身。因而陈鑫说："出肾入肾是真诀。"

这种由内及外的缠丝劲，其关键处是"周身之劲往外发者，皆发于丹田，向里收者，皆收于丹田"。拳家称此谓"出劲"和"入劲"。概括地说："气机行于肱内皆是缠丝劲。"顺缠即为"出劲"，逆缠即为"入劲"。

1. 出劲

手的出劲：胳膊劲由心发，行于肩，过肘至指，用的是顺缠法。中气由骨缝入肩，形于肤，达于指。

2. 入劲

手的入劲：内劲由指肚，过臂达肩，由骨缝入腋，用的是逆缠法。中气由指，逆行过臂达肩，由骨缝收于腋下。

陈鑫说："缠丝劲，言手而足在其中。"法、理皆一样，因而足之出劲、入劲勿须赘述。

太极拳"出劲"体现在拳势上，为开、为发、为放、为刚、为实；"入劲"体现在拳势上，为合、为蓄、为收、为柔、为虚。

总之，太极拳"是终身不尽之艺"，所难者功夫，所犹难者长久功夫。谚曰："拳打万遍，神理自现。"

陈式太极拳

北京架 拳法

第三章　陈式太极拳第一路
——传统套路·北京架

一、拳势名称顺序

第一式　预备势　　　　　　第二式　金刚捣碓
第三式　懒扎衣　　　　　　第四式　六封四闭
第五式　单鞭　　　　　　　第六式　金刚捣碓
第七式　白鹤亮翅　　　　　第八式　斜行拗步
第九式　初收　　　　　　　第十式　前蹚拗步
第十一式　斜行拗步　　　　第十二式　再收
第十三式　前蹚拗步　　　　第十四式　掩手肱捶
第十五式　金刚捣碓　　　　第十六式　披身捶
第十七式　背折靠　　　　　第十八式　青龙出水
第十九式　双推手　　　　　第二十式　三换掌
第二十一式　肘底捶　　　　第二十二式　倒卷肱
第二十三式　退步压肘　　　第二十四式　中盘
第二十五式　白鹤亮翅　　　第二十六式　斜行拗步
第二十七式　闪通背　　　　第二十八式　掩手肱捶
第二十九式　六封四闭　　　第三十式　单鞭
第三十一式　运手　　　　　第三十二式　高探马
第三十三式　右擦脚　　　　第三十四式　左擦脚
第三十五式　左蹬一根　　　第三十六式　前蹚拗步
第三十七式　击地捶　　　　第三十八式　翻身二起脚
第三十九式　兽头势　　　　第四十式　旋风脚
第四十一式　右蹬一根　　　第四十二式　掩手肱捶

第四十三式　小擒打	第四十四式　抱头推山
第四十五式　三换掌	第四十六式　六封四闭
第四十七式　单鞭	第四十八式　前招
第四十九式　后招	第五十式　野马分鬃
第五十一式　六封四闭	第五十二式　单鞭
第五十三式　双震脚	第五十四式　玉女穿梭
第五十五式　懒扎衣	第五十六式　六封四闭
第五十七式　单鞭	第五十八式　运手
第五十九式　摆脚跌叉	第六十式　左右金鸡独立
第六十一式　倒卷肱	第六十二式　退步压肘
第六十三式　中盘	第六十四式　白鹤亮翅
第六十五式　斜行拗步	第六十六式　闪通背
第六十七式　掩手肱捶	第六十八式　六封四闭
第六十九式　单鞭	第七十式　运手
第七十一式　高探马	第七十二式　十字摆莲
第七十三式　指裆捶	第七十四式　白猿献果
第七十五式　六封四闭	第七十六式　单鞭
第七十七式　雀地龙	第七十八式　上步七星
第七十九式　退步跨虎	第八十式　转身双摆莲
第八十一式　当头炮	第八十二式　金刚捣碓
第八十三式　收势	

二、关于图解的几点说明

（一）方向

本拳图势的方向：面向读者为向南；背向读者为向北；面向读者右侧为向东；左侧为向西。

拳套学熟后，平素打拳不必拘定方向，可根据场地，任意选定。古人大多在夜晚练拳，因而以"北斗"为向。有"北斗在北方，司天造化，宜以向北为主"之说。陈鑫《陈氏太极拳图说》一书，就是以北为向。而今一些拳套书籍大都以南为向。现今大都以晨练为主，"迎旭日，以养生"，故本图势以面向南为准。面南、背北、左东、右西，以定向。

（二）图线

图照中的拳势运动，标有实线和虚线的箭头，这是标明从这一动作到下一动作所经过的路线。

右手、右足的运动路线由实线表示，左手、左足的运动路线由虚线表示。箭头表示该动作的终点，也是下一动作的起点。为了表示清楚，拳照与文字相对照，作了分解说明。

（三）呼吸

图解中有吸气、呼气和内气运行。初学拳者，应先求动作、姿势准确，吸气、呼气不必执泥，呼吸应顺其自然。可先从一个拳势开始，逐渐掌握动作与拳势呼吸相配合。然后根据每个人太极拳练到何阶段，再采用相适应的呼吸方式。本书"拳势呼吸"有专论，这里不赘述，但本书图势均按"逆呼吸"解析。

（四）角度

角度就是拳势的方向、方位。太极拳"手之运动有八方，足之运动有五步"。手八、足五，其数十三，故称"十三势"。

十三势系称五行八卦，以金、木、水、火、土五行来比喻太极拳的5种步型，即前进、后退、左顾、右盼和中定；以乾、坤、坎、离、巽、震、兑、艮之八卦来比喻太极拳的8种手法，即掤、捋、挤、按、采、挒、肘、靠，用以对应四正，东、南、西、北，四隅，东北、西北、东南、西南8个方位。而太极拳的手足运动之方向均不出此八方，因此太极拳有"怀揣八卦，脚踩五行"之说。

本书图照的方向、方位是以南方为准。拳势运动，包括扣脚、转腰、迈步、落脚、出手、面部、胸腹、手指、眼神等，所对的方向均是按"八卦"四正、四隅定位。学者左转、右转、后转，或45°、或90°、或180°、或360°等，角度均应合度，要符合"八卦"四正、四隅方位。

（五） 幅度

太极拳架根据拳势高低的幅度分为三种，即高架、中架、低架。

三种拳架有的拳家又分大、中、小架子三种。大架子特点是，身体重心低且平稳（长功夫快，但不抗压，重心转换不如高架子灵活），姿势开展；中架子特点是，介于大、小架之间，拳势动作不应过或不及，且能连绵不断；小架子特点是，身体重心偏高，拳势紧凑，重心转换灵敏且迅速，但不如大架子重心稳。

本图照即为中架。学者，拳架之高低应自己掌握，应根据本人条件确定高低架，还应注意拳架之开展与紧凑须有度。手臂伸出以将直未直为度，弓步的蹬腿以将直不挺为宜，双臂、双腿都不可直挺挺的，但也不可缩手缩脚。

三、拳势动作图解

第一式　预备势

动作一：无极桩。"无极者，一物未有也"，阴阳未判，混混沌沌。

学者上场打拳，身桩端正，两手下垂，两脚并立，两目内视，心念无思，空空洞洞，"外观其身，身无其身，内视其心，心无其心"，身心内外一片虚空。此"无极象形"也。（图 3-1）

图　3-1

要点解析：

静桩默立，舌抵上腭，胸廓微含，尾闾前敛，虚领顶劲，气沉丹田。

默立 3~5 分钟，当进入无声无息"无极"之境时，以静待动。此时阴阳开合之机，已俱寓心腹之中，待气机一动，即太极生也。

动作二：太极桩。"太极者，无极而生"也。

练拳未始之前，为无极混元。"然太极虽无形声，但其阴阳开合之机已动"，此时，提起左脚向左跨出一小步，与肩同宽，静桩站立。

当手脚欲行之时，吐纳为先，清气上升，浊气下降。此即阴阳虽未开，而阴阳开合之机已动，"太极象形"也。（图 3-2）

图　3-2

要点解析：

两腿微屈，自然站立，两目平视，两脚距离与肩同宽，脚尖微向外撇；两臂松垂体侧，两手心朝内，指尖自然下垂，中指轻贴裤线，腋下留有一拳空隙，肘不贴肋。

做到：头正体松，裆要虚圆，两膝微屈，立而不挺，内固精神，呼吸自然，意守丹田。

第二式　金刚捣碓

动作一：身随意领，微微下蹲，两膝微屈，重心下沉，开裆松胯，上体微

向左转；同时，两臂微内旋，以手带臂缓缓向左前方掤起，掤至与肩平，掌心向下，指尖斜向左前方；目视左前方。（图 3-3）

动作二： 腰向右转，重心移向右腿，两腿屈膝继续下蹲；同时，双臂屈肘转臂左顺、右逆缠随转体向右平将划弧至右肩前；随即腰向左转，左腿外旋，右腿内旋；两臂屈肘转臂变左逆、右顺缠向左前方推挤；目视左前方。（图 3-4、图 3-5）

图 3-3

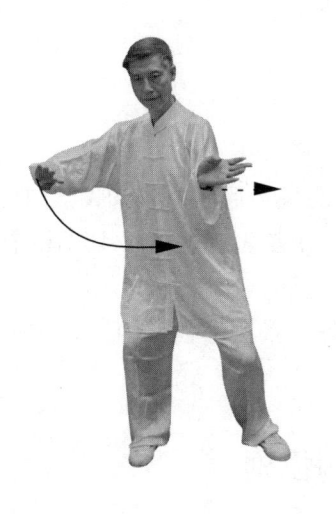

图 3-4    图 3-5

84

第三章　陈式太极拳第一路

动作三：腰微左转再向右转，重心微下沉，右脚以脚跟为轴外撇，随即右腿外旋，左腿内旋，重心完全移于右腿，提左膝，成右独立势；同时，双手转臂翻掌左顺、右逆缠向右后上方大捋展开，置于右肩侧，右手略高于肩，掌心皆向外，指尖皆向前；目视前方。（图3-6、图3-7）

动作四：重心下沉，松右胯，右腿屈膝下蹲，左脚脚尖翘起，以脚跟内侧贴地向左前方（15°）铲出；同时，两手左逆、右顺缠向右后方大捋伸展，掌心皆向外，指尖皆向上，成手、脚对开势；目视左前方。（图3-8）

图　3-6

图　3-7 　　　　　　　　　　　图　3-8

85

动作五：腰向左转，左腿外旋，脚尖外撇，重心走下弧线向左脚过渡；同时，左手沿体从右下弧线下捋，再向左前方逆缠伸挤，掌心向前下方，指尖向右；右手向右后下方顺缠伸撑，掌心向后下方；目视左手方向。（图3-9）

动作六：重心前移至左腿，腰向左转，右脚顺势上步，前脚掌虚着地，松胯屈膝下蹲；上右步同时，右手前撩，掌心向前，指尖向下；左手顺缠向里合于右臂肘窝上，掌心向里，指尖向右，两臂掤圆，气贴脊背，形成合劲；平视前方。（图3-10）

图 3-9

图 3-10

动作七：松腰落胯重心下沉，左脚踩实蹬地起身，右腿随势屈膝向上提起，重心完全落于左腿；同时，右掌变拳顺缠屈肘上提至胸前，拳心朝上，左手逆缠向下落于腹前，掌心向上，指尖向右，右拳、左掌上下相对；随即周身放松，重心下沉，拳随身，身随势，右脚松落，整脚向下，平面震脚，两脚与肩同宽；右拳随右脚下落时沉落于左掌心内，右拳左掌叠合于腹前，形成上下合击，与小腹之间约一拳之隔；目视前方。（图3–11、图3–12）

图 3–11　　　　　　　图 3–12

要点解析：

何谓"金刚捣碓"？其意右手捶如降魔杵，左手掌微屈如碓臼，既取其坚刚沉重，又取两手收在一处，以护其腹，故名。

此势阴阳合德，其胸中一团太和元气，充满周身，至柔至刚。心平气和顶劲才能领起。

震脚是此势核心要点，要掌握劲由心发，气机行于腰隙，传于腿，达于脚。因而，腰劲贵在坚实，在震脚前，吸一口气，丹田内气沿督脉逆行至头顶百会穴；震脚时，呼一口气，气延任脉下沉丹田，腰劲下沉，右脚实实在在踏在地上，震地有金石之声。要求震脚、手合、沉气同时完成。

第三式　懒扎衣

动作一：身微向左螺旋下沉，左掌右拳粘住用顺缠在胸腹前转一小圈，右拳变掌经左臂内侧向左前外上方穿出，两掌逆缠相合，由左脚实转为右脚实；两手扩大缠丝圈的同时，右掌移向右外上方顺缠、左掌向左下逆缠分开，形成右上左下的对开劲，身向右转，螺旋下降，重心左移，右脚实变为左脚实；目视右前方。（图3-13、图3-14）

图　3-13 　　　　　　　　图　3-14

动作二：身微左转，再转右旋下降；随即左手向左下逆缠，经左胯转顺缠上举，掌心向右下，高不过眉；右手顺缠里合经胸前变逆缠下按，掌心向下；同时，提右膝，形成上开下合之势；目视左前方。（图3-15）

动作三：心气下沉，左腿松胯，屈膝下蹲，右脚跟内侧贴地向右铲出；同时，两手由大开转为双顺缠大合，右手合于左手下，掌心向左，左手心斜向右，重心左移；目视左前方。（图3-16）

动作四：身微左转再向右转，随重心右移，右腿渐变实；同时，两手由合再开，右手大顺缠向右转臂展开，周身放松，右腿内旋，右脚踩实，左腿微外旋，松两胯；随即右手顺缠放松，沉肩坠肘，手心向右前方，指尖转而上竖，高度与鼻同；左手随之置于左腹前，掌心向上，指尖向右，调整后胯，气往下沉；目视右手方向（此懒扎衣定势）。（图3-17、图3-18）

图　3-15　　　　　　　　　　　　图　3-16

图　3-17　　　　　　　　　　　　图　3-18

要点解析：

此势要周身相合，手、肘、肩、膝、足上下一齐合住；腰为上下体枢纽转关处，不可软亦不可硬，而要虚，一虚则上下皆灵；脚趾脚掌要扣住地，涌泉要虚，不虚则趾不着地，用不上力，此为前虚后实，中间虚。

内劲皆由心中发起，入骨髓，充肌肤，达四梢，其腿劲全由脚大趾自内而外斜而上缠至会阴，手劲皆是由指肚上缠至腋而止，故指肚要用力，此前后手运毕归宿处。其掌形要求，除拇指外，其余四指微挺，这样可使气贯注于指肚间。

第四式　六封四闭

动作一：身体放松，右臂向下松，右手沿竖圆轨迹逆缠一圈至右上方，掌心向右前，指尖向上；左手围绕肚脐以拇指为中心左上右下地绕转一小圈；随即身微左转，重心左移；同时，右手逆缠至左肘下，掌心向左前下，坐腕翻掌转顺缠；左手逆缠，两手背相对合住劲，向右前方挤出，两臂掤圆，高与右肩平；目视右前方。（图3-19）

图　3-19

动作二：腰向左转，螺旋下沉，重心走下弧偏左，右脚虚展，左脚踏实；同时，以身领手，右手顺缠上托，劲贯指尖；左手逆缠转臂，以手背一侧腕关节弧形向左上掤，气贯手背，五指斜向下垂；目视右前方。（图3-20）

图　3-20

动作三：腰继续左转；同时，两手顺缠翻掌分置于双肩外侧，掌心斜向外，随即胸腹折叠，腰胯旋转，两掌合劲向右下按，两指尖向前略向外，成"八"字形状；重心也随着移至右腿，左脚向右并步，以前脚掌虚点于右脚旁；目先左顾后转视右前方。（图3-21、图3-22）

图 3-21　　　　　　　　　　　图 3-22

要点解析：

"六封四闭"一势，为六分封，四分闭。六封者，上下四旁皆封住，无门可入；四闭者，左右前后严以闭之，无缝能击，无论是虚来、实来、偏来、正来之敌，皆无虞。

此势两手开合，都要以腰脊为轴，两手缠绕应随胸腹折叠而运行。两掌下按时，以右手为主，左手为宾；身体要上虚下实，肩胯、肘膝、手足上下相合；脊柱要竖直，松腰敛臀，有肩靠、肘靠、胯靠、膝靠之意。

内气由丹田而发，经会阴沿督脉上行于百会，下行至两肩，分行于两臂，贯注于指梢而达劳宫；另一股气延任脉下行于丹田，经会阴分行于两腿，贯注于足趾而达涌泉。即形成："沉"，气在丹田；"按"，气在双掌；"屈"，气在右脚；"发"，气在脊背，内外合一，周身一家。

第五式　　单鞭

动作一：腰微右转，螺旋略下沉，随即向左转回，左脚尖虚点地，脚跟右转里合；同时，右手顺缠向内，左手逆缠向外各翻一个圈，右手屈腕收于左肘侧向左，左手在右手下伸向右前方，两掌心皆向上，随即右掌变勾手；目视右前方。（图3-23）

图 3-23

动作二：腰向左转，螺旋下降，左腿自然外旋，右腿内旋，体现"欲左先右""逢左必右"的特点；此时右手勾手经左手掌心向右前方逆缠伸展至高与肩平，松肩沉肘，勾尖向下；左手掌弧形移至腹前，掌心向上，指尖向右，形成左屈右伸之势；目视右前方。（图3-24）

图 3-24

动作三：身体微右转，重心全部移至右腿，左腿徐徐上提，高与腰平，低不过脐，稍向右合，小腿松垂，成右独立势；目视前方。（图 3-25）

动作四：重心下降，屈膝下蹲，以左脚跟内侧先着地、脚尖稍上翘，虚虚贴地铲出，胯根撑开，重心左移，渐至左脚尖落地、变实，形成上下斜开势；目视左前方。（图 3-26）

图 3-25　　　　　　图 3-26

动作五：重心向左移，旋腰打肘，随即腰向右旋；左掌自腹前向右上托，至右勾手上侧，旋腕外展，掌心向外，指尖向右，弧形向左顺缠至肩左侧，掌根微下按，沉肩坠肘变竖掌，指尖转向上，目随左手而注，中指与鼻同高；两腿虚实比例也同时加大，重心左移，左占四成、右占六成，为四六开（也有三七开或二八开的。此为单鞭定势）；目视左手中指尖。（图 3-27—图 3-29）

图 3-27　　　　　　图 3-28

图 3-29

要点解析：

单鞭势两肱展又如一条鞭，故名，其势如鞭之毒。此势以左手为主，当手未展、未停时，眼神随注左手，至左手停时，眼神注于左手中指，不斜视。

全身要放松，上肢要端正，不可偏倚，骨节松开，胳膊如在肩上挂着一般，运动似柔而实刚，精神内藏而不露，陈鑫说："此为上乘。"

打拳心是主，脊骨是左右身之关键，腰是上下体之关键。此势腰以上气往上行，腰以下气往下行，似两夺之势。此势当两手顺缠相合、逆缠相开之时，丹田之气内转，内气从体前向左上斜行至左肩，达指梢，另一股内气向右斜行至右肩，达指梢，同时两股下行内气分行至两脚趾，这就是"内气分路"。其实内气不是多股，而是一气上下左右分行，即为"两夺之势"。此为"一缕中气随势扬"。

第六式　金刚捣碓

动作一： 以腰带身，先向右转，螺旋下沉，左膝逆缠，右膝里扣，右重左轻；同时，左掌向右侧逆缠置于左胸前，手心向外上方；右勾手变掌，向左转臂翻掌，手心向右外，同肩平，两臂外掤并合住劲；目视左前方。（图 3-30）

动作二： 两手扩大缠丝圈，以左逆缠、右顺缠两臂合住劲向右旋转一圈，重心右移，完全落于右腿，左腿变虚；随即左手移至小腹前，掌心向右；右手运转至右侧，高与肩平，掌心向外，指尖向左上；目视左前方。（图 3-31、图 3-32）

第三章　陈式太极拳第一路

图　3-30

图　3-31　　　　　　　　　　　　图　3-32

动作三：腰向左转，左腿外旋，脚尖外撇，重心渐向左脚过渡；同时，左手随转体沿右下弧线下捋，再向左前方逆缠伸挤，掌心向前下方，指尖向右；右手向左后方顺缠伸挤，掌心向后下方，指尖向右后方，形成对开势；目视左手方向。（图3-33）

本势图3-34—图3-36与第二式第一个金刚捣碓图3-10—图3-12图解相同，唯不同处，该势完成时面朝正东。

95

图 3-33 　　　　　　　　　　　图 3-34

图 3-35 　　　　　　　　　　　图 3-36

要点解析：
　　在拳套中此势为东西南北正身法，第一个金刚捣碓面向南，此金刚捣碓面向东。

第七式　白鹤亮翅

动作一：其动作与"懒扎衣"动作相同（见图 3-13、图 3-14），故图解略。（图 3-37、图 3-38）

图　3-37 　　　　　　　　图　3-38

动作二：身体松沉，两手继续沿斜立圆左上右下弧线旋绕半圈，两手左逆、右顺缠，合劲交叉于胸前；身微左转，左脚外撇，右脚提起，脚尖轻点地。（图 3-39）

图　3-39

动作三：身体左转，螺旋下降，两手合紧于左胸前，随着右脚向右侧迈出，重心移于右腿，左脚跟步，以脚尖虚点于右脚旁；在右脚上步同时，两手均逆缠，右手向右上外展由逆缠变顺缠，掌心向右前；左手向左下由逆缠变顺缠至大腿左侧，掌心向下，两手成右上、左下弧形分开之势；目视前方。（图3-40、图3-41）

图 3-40 　　　　　　　　　图 3-41

要点解析：

"白鹤亮翅"一势，意在"白鹤之鸟舒展羽翼，象形也"。此势以右手为主，左手为宾，其神形连绵，上、中、下同时旋转，手圈、腰圈、腿圈三圈同转，合为一体；双臂斜立圈旋绕时，左伸右展形如白鹤亮翅；配合两脚，前弓后蹬身到，暗藏杀机，肘打、臂掤、肩靠。

周身内气，随心意而动，两臂相合时，皆归于丹田；两臂相开时，气随意动，内气从会阴沿背后上行至双臂，达指梢；腰胯松沉，气归丹田，下行至两脚；心意一领，气复归丹田。劲气随势，一动一静周天而行。

第八式　斜行拗步

动作一：身体微右转，右脚尖外撇，左脚提起，身体中线朝右45°方向，

重心落在右脚上；同时，两手左逆缠、右顺缠，左手转臂上举至额前，右手下按小腹右侧；目视右前方。（图3-42）

图 3-42

动作二：右腿松胯，屈膝下蹲，左脚以脚跟轻轻贴地铲出，腰随之下沉右旋，右脚实、左脚虚，重心在右腿，与左腿形成斜开势；同时，两手含上捋、下按之意；目视左前方。（图3-43、图3-44）

图 3-43 　　　　　　　　　图 3-44

99

动作三：身体微右转，重心右移；同时，左手顺缠沿左下弧线至右肋前，五指撮拢变勾手，勾尖向下，腕背高与胸平，右手下按；目视右手前方。（图3-45）

动作四：腰右旋下沉，随即左勾手向左顺缠而下，经腹前搂过左膝至左肩前，右手随左勾手逆缠至左前臂上，掌心向左上，重心随之左移；目视左前方。（图3-46）

图 3-45 　　　　　　　　图 3-46

动作五：身体随之左转，右手旋腕外翻，掌心向外，指尖向左上，以肩领右肘，以肘领右手；随即身体右转，右手沿平圆轨迹自左向右徐徐外开，顺缠至右腿外侧上方，高与肩平，掌心向右前方；气往下沉，开胸、松胯、屈膝，腰左转螺旋下降，重心自右移至左腿；目先随右手而视，后转视左前方。（图3-47）

图 3-47

要点解析：

此势取伏羲八卦艮、兑、震、巽之方位，即45°隅角。从第二个金刚捣碓始，面向南已转向东方，至此势，身又转向东北方。

此势身法虽变，两脚左伸右屈，左脚斜行，身则左右平准，中正不偏；当右手向左旋绕小圈时，两臂合抱，腰背裹圆；开展时，上肢肩、肘、手，下肢胯、膝、脚同时对开并圆裆，形成上下四旁骨节自相照应，全体一开全开。此势形体虽变则义理不变，"一以中气贯之，自然全体上下一气流通"。"此势手足位于四隅，各据一角，吾心以中气运于四肢，各得其宜"（陈鑫语）。

第九式　初收

动作一： 身体放松，腰微左旋下沉，重心下降；同时，左勾手松开变掌，两臂从旁弧形落下，交叉合于腹前，左手在外，右手在内，手背皆向外，胸腹微合；目视下方。

重心进一步下降，胸腹折叠，引领两臂、两肘内合，两手翻掌顺缠置于左胸前，以掌根合住劲，左手在前，右手合于左肘旁，掌心皆向上；同时，右脚向两脚中线后撤一小步，左脚拉撤到右脚前，脚尖虚着地，重心后移落于右腿；目视左手方向。（图3-48）

图　3-48

动作二：身体微右转，重心全部落于右腿，随即旋转而起，左腿屈膝上提，高与腰平，小腿悬垂放松，左脚尖自然下垂，成右独立势；随即腰胯一松，当身体右转随左腿上提而起之时，两手向前下方伸展挤按，两掌心斜向前下，劲在掌根；目视前方。（图3-49）

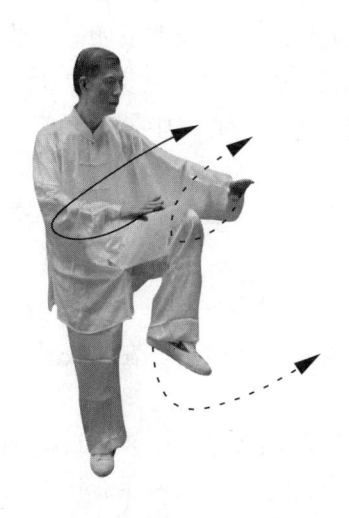

图 3-49

要点解析：

此势名曰初收，别乎第二收之名。取其形骸聚到一处，精神团聚不散，故名之曰收。其意如猫扑鼠，敛其毛羽，如虎咬人，先束其身；如狮搏兔，全体精神。谚曰："浑身猬缩似纯阴，阴中藏阳任人侵。右实左虚藏戛击，上提下打欲纵擒。"说收就收，难状其神。

此势要求运用右腿下挫后的弹簧劲和两手缠丝劲使身体旋转而上，周身要达到沉稳，此是合劲的独立势。其关键处在于顶劲要领好，右腿要沉好，两手要合好，身体中正不偏。

周身心意相松相合，使气、神、形动静合一，阴阳二气并行不悖，互为其根，周流全身；两手相合，气从梢端回流丹田；领手挤按，气由腰隙逆行而上，沿左右两臂，畅达梢端，意到气到劲自然到。

第十式　前蹚拗步

动作一：身体略下沉，左脚跟着下落；同时，两手向右侧划弧捋带，左手落至腹前，右手落在身体右后方，两手心向里，指尖下垂。

左脚向左前方蹚出一步，前脚掌虚着地，随即身体左转，重心前移，左腿屈膝坐胯逐渐踩实，右腿渐渐伸展后蹬；同时，左手顺缠转臂至胸前，掌心朝右前；右手逆缠到左前臂上方，掌心向左前，继而右手腕交合于左手腕上，形成向前推挤之势；目视左前方。（图3-50）

图　3-50

动作二：身向左转下沉，重心前移，左脚尖外展踏实，重心完全落于左脚；右脚提起，以脚尖着地随身旋转45°向右前斜方（东南）横跨一步；同时，两掌逆缠分向左右展开至两腿外侧，掌心向外；随即松腰、屈膝、坐胯，沉肩、坠肘、坐腕，两臂转顺缠变竖掌，指尖向上；目视左手前方。（图3-51、图3-52）

要点解析：

此势在独立势左脚前蹚一步时，膝关节前弓不过脚尖；当两手向前推挤时，周身需要合住劲，形成左手背领劲、右手心吐劲、腰脊贯住劲、消息全凭后腿蹬劲，整个过程一气呵成，不可有断续凹凸处。

心意放松，随四肢开合，意领丹田之气循行周身。当两手向前推挤时，内气由两脚上行，会聚腰脊，传于两臂、两掌，形成始于脚，通于背，主于腰，形于掌的螺旋劲。

图 3-51 　　　　　　　　　图 3-52

第十一式　斜行拗步

动作： 身体右转，重心略偏左后；随即两掌向右前掤起，高与肩平，坐腕翻掌变抅手至左胯侧，腰往下沉，以臂带手翻掌左顺、右逆缠；同时，右脚外撇，提起左腿，重心完全在右腿，成右独立势；左手置于左额前，掌心向上，右手置于右胯侧，掌心向右下；目视左前方。（图 3-53、图 3-54）

图 3-53 　　　　　　　　　图 3-54

此势动作与第八势"斜行拗步"动作除衔接动作(动作一)稍异,其余动作均相同,可对照参阅第八式图3-44—图3-47的动作文字说明。(图3-55—图3-58)

要点,也与第八式"斜行拗步"相同。

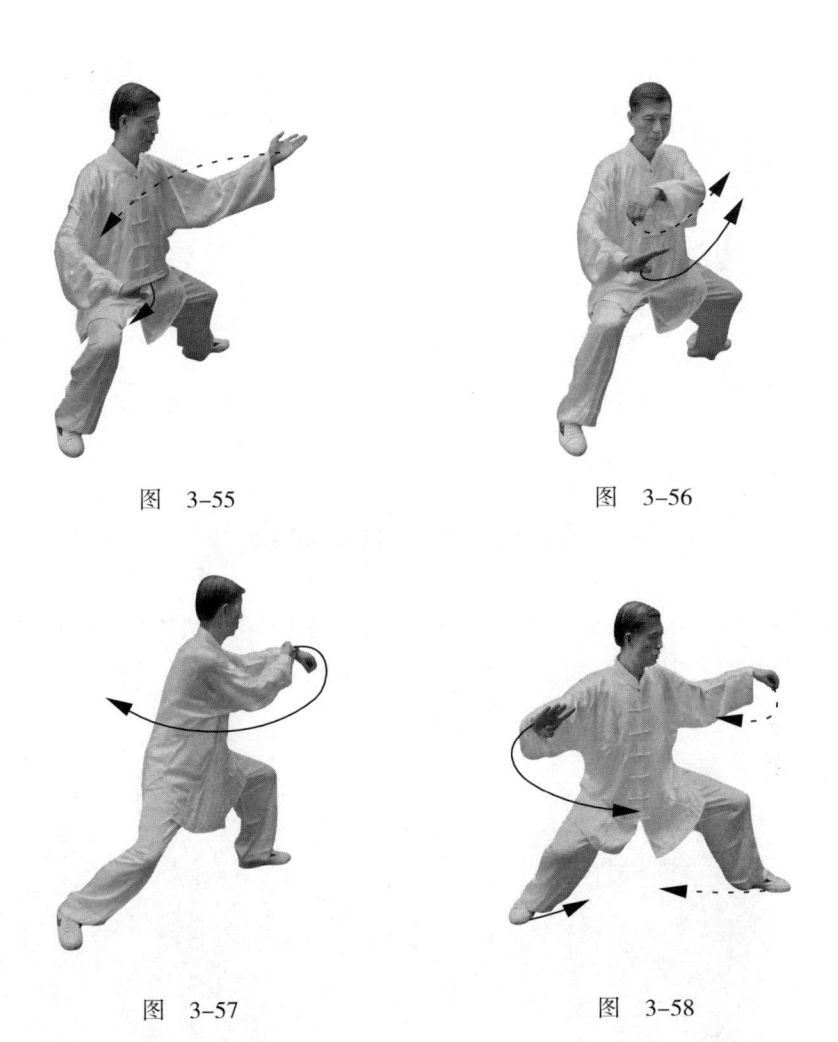

图 3-55

图 3-56

图 3-57

图 3-58

第十二式 再收

此势动作、方向和要点皆与第九式"初收"的图3-48、图3-49相同,文字说明与图照互相配合参阅。(图3-59、图3-60)

105

图 3-59 　　　　　　　　　　　图 3-60

第十三式　前蹚拗步

此势动作、方向和要点皆与第十式"前蹚拗步"的图 3-50—图 3-52 相同，文字说明与图照互相配合参阅。（图 3-61—图 3-64）

图 3-61 　　　　　　　　　　　图 3-62

图　3-63　　　　　　　　　　　图　3-64

第十四式　掩手肱捶

动作一：身体右转，胸腹微相合；以腰带两手弧线向右绕转，右手顺缠向右后方划弧翻掌按至右胯外侧，手心向下，左手向右上方顺缠上掤至额前，手心向右上方，重心在右腿；目视右下方。（图3-65）

图　3-65

107

动作二：心气下沉，身体左转，以身引左手，旋腰坐胯，左手随之翻掌向左后方划弧按至左胯外侧，手心向下；同时右手翻掌变逆缠向左上方划弧上掤至右胸前，掌心向左上方，重心移至左腿；目视左前方。（图 3-66）

动作三：心意左顾，以腰顺缠领右手抓握成拳，向上逆缠旋翻手腕，拳心向下；同时，左脚内扣，向右转体 90°（东北转东南方）；右脚顺势屈膝提顶，小腿松悬，脚底平展；左手随之外旋，经左胯前向右上方顺缠至胸前，肘往下沉，手变竖掌，指尖向上，掌心向右前方，形成左掌、右拳合于胸前的左独立势；随即右脚随沉气重心下降蹬地震脚，重心移至右腿，左脚变虚，前脚掌虚着地，面向东南；目视右前方。（图 3-67、图 3-68）

图 3-66

图 3-67 　　　　　　　　　　图 3-68

动作四：左脚向左前（东北）斜方迈出，重心仍在右脚，双腿成偏马步；目视右前方。（图 3-69）

图 3-69

重心渐向左移，左掌变拳，两手向背后挂肘，偏马步渐变马步，两拳置于腹部两侧，拳心向上；随即双肘逆缠，身随之上升，双拳沿内弧线旋转至胸前，高与肩平，拳背相对，成双风贯耳势。（图 3-70、图 3-71）

图 3-70 　　　　　　　　　　图 3-71

动作五：身微右转；同时，两手翻转变顺缠合于胸前，左拳变八字掌，掌心向上，肘尖下垂；右拳置于胸前，拳心向内。（图 3-72）

身体继续螺旋下降以蓄劲，重心迅速左移，由马步螺旋转变为左偏马步，腰脊垂直，中正不偏；同时，右拳急向右前方发出，拳心旋转向下，手臂曲蓄而不直伸；左手八字掌急收于左胁侧；目视右前方。（图 3-73）

图 3-72　　　　　　　　　　图 3-73

要点解析：

此势转体变向成独立势，要求扣（左脚内扣）、拧（拧腰旋身）、提（右膝提顶）、合（左掌右拳相合）要一气完成，转进如风，独立如盘。

震脚与发拳要体现刚劲。震脚时，要求腰、胯、膝、脚节节松开，整体下沉，意到、气到、劲到，震地有声；发拳时，要表现出卷放劲，卷为蓄，放为发，消息全在腰隙；拧腰转胯起于脚，着身成摇由腰发，其缠丝劲寓于两肱运行之中。

此势内气随心意上下、左右运行不惰，心机一动，内气即由丹田发出至手，周身之力全聚于拳。其劲由脚跟起，越腿肚，顺脊上行至右肩膀，由胳膊运至手背。"掩手肱捶"一势，典型的体现了《拳经》所言："劲起于脚跟，主于腰间，形于手指，发于脊骨。"

第十五式　金刚捣碓

动作一：身微右转，同时右拳变掌顺缠，向右后略收，左掌仍在左胁旁微

第三章　陈式太极拳第一路

逆缠以配合；随即身体左转，右手顺缠、左手逆缠弧形向左膝外侧交叉合劲，左手在上，手心向下，右手在下，手心向左前；目视右掌。（图3-74）

动作二：身体右转，胸腹渐相开，重心渐渐右移，右腿外旋，左腿内旋；同时，以身领两手，右掌顺缠向右上、左掌逆缠向左下，对称斜开；目视前方。（图3-75）

图　3-74　　　　　　　　　　图　3-75

动作三：身体继续右旋，心气松沉，右手随身右旋弧形向下松落于右胯侧，重心落于左脚；右脚向前上半步，前脚掌虚着地，同时右手前撩，左掌合于右手臂肘窝上，形成合劲；目视前方。（图3-76）

图　3-76

111

动作四：与第二式"金刚捣碓"中的图 3-10—图 3-12 的动作相同，文字说明可互相对照参阅。（图 3-77—图 3-79）

图　3-77

图　3-78 　　　　　　　　　　　　图　3-79

要点解析：

此势与前两个金刚捣碓不同处是，第一个金刚捣碓突出表现几对不同方位的缠丝劲；第二个金刚捣碓是上承单鞭两肱大开，转为合劲；此势金刚捣碓是上承掩手肱捶，神气已尽散于外，"亦久散必聚，久开必合，这是阴阳自然之阖辟之"。因而，右脚下沉时，无须震踏，轻轻放下，"一则取其全神集合，欲变势自觉灵动；一则归其太极原象，以见万殊皆一本所发"（陈鑫语）。

第十六式　披身捶

动作一：两手向左右展开，高与肩平，掌心向下，松腰屈膝；双臂徐徐向上掤起，重心全部移于左脚，右脚提起，随即向右横开一大步，重心右移，成马步，开胯圆裆；同时，两臂继续上掤，随右脚向右开步时向胸前顺势交叉合拢成十字手，左掌在外，右掌在内，成上合下开之势；视左手前方。（图 3-80、图 3-81）

图　3-80　　　　　　　　　　图　3-81

动作二：两掌变拳，松腰坐胯，身体右旋，右腿外旋前弓，左腿内旋蹬展；同时，右拳顺缠至右肩前，拳心向左外；左拳逆缠至右腋下，拳心向右内，双臂相合于右肩前；目视右拳前方。（图3-82）

图　3-82

动作三：腰向左转，重心左移，左腿前弓踏实，右腿伸展虚蹬；同时，以身领右拳徐徐顺缠至左肩前，高与鼻尖平，拳心斜向里；左拳逆缠至左胯外侧，拳心向左下；目视右拳方向（此为右披身捶）。（图 3-83）

动作四：腰向右转，重心右移，右腿前弓踏实，左腿伸展虚蹬；同时，左拳旋腕转臂顺缠至右肩前，高与鼻尖平，拳心斜向里；右拳旋腕转臂逆缠，向右下缠绕至右胯外侧，拳心向右下；目视左拳方向（此为左披身捶）。（图 3-84）

图 3-83 　　　　　　　　　图 3-84

要点解析：

披身捶其意即是以捶护身，以捶击人。因而左右披身捶要求拳与拳合，肘与肘合，臂与臂合，膝与膝合，脚与脚合；胸要合住，腿根不可夹，裆要开圆，周身一齐合住，神气不散，方能一气贯通，卫护周身。

裆要求圆而虚灵，因"膝以下皆死煞，故全凭腰与裆转动"。捶下披时由实变虚引化来势，上折时由虚变实一合即出，总要转关敏捷，阴阳互济。

此势要求在气贴脊背和以腰为轴的前提下进行动作，因而心意一松，周身之气皆归于丹田，随丹田内转，内气上行脊背，一股上行两肩，通于两臂，达于两捶；另一股下行两腿，达于两脚；意领气、领身、领拳，左旋右转，川流不息，但中气始终以腰脊为中枢。

第十七式　背折靠

动作一：身体微向右沉，随即向左旋转，左腿外旋前弓踏实，右腿内旋微微伸展；同时，右拳从右外下逆缠转臂变顺缠缓缓地向左上方划弧，引领至左肩上方，拳心向左前方，略高于肩，手腕领住劲；左拳旋腕转臂变逆缠，弧形下落于左胯外侧，拳心向左后方；目视左前方。（图3-85）

图 3-85

动作二：身体继续微左转，胸腹微合，肘微下沉，右拳向左下顺缠一小圈后转臂变逆缠，拧裹着向右折靠，右手臂屈肘向右上方掤起，略高于头，拳心向右上外；左拳在左胯侧顺缠一小圈后，以拳面紧贴于左腰部，拳心向外；随即身体右转，以右肩的背部，向右后靠，重心移向右腿；目视左脚尖。（图3-86、图3-87）

图 3-86 　　　　　　图 3-87

要点解析：

拳能明乎中正之理不易，此势身成斜势，但"身虽斜而中气要直"。

拳歌曰："右拳落在神庭上，左拳叉住左腰间。身似侧卧微嫌扭，眼神戏定左足尖。顶精领起斜寓正，裆间撑合半月圆。右肩下打七寸劲，背折一靠更无偏。"

可见此势之要点是，斜中寓正，裆间撑圆，周身齐合，神气不散，中气要直，靠更无偏。

周身内气随心意循行周天，当意领背折靠时，内气由丹田上行脊背，注于两肩；当周身齐合时，气即回归丹田。

第十八式　青龙出水

动作一： 周身放松，重心左移，身微左转；同时，身领右拳向右上方微逆缠，随即转臂变顺缠向左下方弧形下落于左胯前，拳心向里，拳眼斜向右上方，高与脐平；左臂自然向左后方松移，左拳松贴左胯；头向左转，目视左前下方。（图3-88）

动作二： 胸腹微相开，身体微向右转，重心右移；同时，右拳逆缠松落至胸前；左拳松握，置于左胯前；目视右下方。（图3-89）

图　3-88　　　　　　　　图　3-89

动作三：腰向右转下沉，胸腹相合，重心右移，右腿外旋弓屈，左腿内旋；同时，左拳变掌（八字掌）逆缠向右前方伸出，掌心向右下；右拳顺缠屈肘置于腹部，拳心向里；两脚、两膝、两胯、胸腹、腰脊一起合住劲；目视左手八字掌食指方向。（图 3-90）

动作四：腰向左拧旋，腰脊绷紧，周身合住劲；同时，右拳转臂变逆缠，腰脊右旋带动两臂突然发力对开，右拳像脱弦之箭，向右前以拳轮和前臂尺骨发劲击出，拳轮向前，高与脐平；左手顺缠以右拳发劲的同样速度收回，置于左腰间；目视右前方。（图 3-91）

图 3-90 　　　　　　图 3-91

要点解析：

此势何以称为"出水"？意即右拳出手"在向下的半圆终点带有向上的劲，所以又名之为出水的抖劲"，是"物将掀起而加以挫之"之意。

从太极拳发劲的角度看，它属于四隅手中的挒劲，其特点是一种短距离的击打，所以又称"寸劲"。

内气随心意而发。当周身合住劲时，内气蓄于丹田，随两臂发对开劲，丹田内气一股循脊背上行两肩，经前臂，达拳轮。另一股内气，经会阴，沿两腿内侧，达双脚涌泉。

第十九式　双推手

动作一：随心气松领，身微右转，重心微右移；同时，右肘微向里合，右手随即划弧线顺缠向左下捋至腹前，手心向左下，指尖向下，重心移于左腿；

左手贴腹小逆缠一小圈，回到原位置；目视左下方。（图3-92）

右手继续左引，至与左手相合时，随即旋腕转掌，手心变为朝右前方，手背朝左后方，与左手背交搭相合，两臂抱圆，徐徐划弧向右前方掤挤；同时，重心右移，右腿随之外旋前弓踏实，左腿随之内旋，微微伸展；目视两手方向。（图3-93）

动作二： 身微右转，两手微向右上方松引，腰旋折叠，随即两手旋腕向前伸展，手心向上，右手置于右肩前，左手置于右腋下方；同时，右腿外旋前弓，左腿内旋微蹬展，臀部下沉；目视右手前方。（图3-94）

图　3-92

图　3-93 　　　　　　　　　图　3-94

动作三：身向左转，当重心全部移至左腿时，左脚以脚跟为轴向左外撇；右脚跟提起，以脚尖擦地向左划弧线，转体180°，即面向西转为面向东，右脚以脚尖点地置于左脚前方；同时，两手随身体左旋，右手仍置于右肩前，左手仍置于右腋下方；目视右手前方。（图3-95）

动作四：身体继续左转，重心继续左移；同时，两手左逆右顺缠翻掌分置于左胸前，掌心相对，指尖上竖。（图3-96）

动作五：右脚顺势向右前迈出一步，重心随即移于右腿，左脚向右并步，以脚尖点地落于右脚旁，身体右转（面向东方）；同时，两臂合住劲，以身领手随转体向前推挤，两手与两乳对齐，手心皆向前下方，指尖斜向上，虎口相对；目视前方。（图3-97）

图　3-95

图　3-96　　　　　　　　　　图　3-97

要点解析：

此势为合手前挤之势，要求两臂抱肩合肘与腰脊圆撑相配合，特别要求上下要相随，在左蹬右弓合手上步前挤时，要体现出"周身一家"催身前拥，身到、手到、脚到，意有排山倒海之劲力。

"一开一合足尽拳中之妙"，内气随开合而行，身背面为阳，胸腹为阴，双手左逆右顺缠合劲，是由阳而合于阴，是为上下一气。当催身前拥之时，内气由丹田上行至脊背，经两臂、肩、肘到两手，节节贯注；而另一股内气分行两腿达两脚，形成上下合一的前挤劲。

第二十式　三换掌

动作一： 周身放松，身体右转下沉，重心仍在右腿；同时，两掌随腰右转微向前，左逆缠右顺缠前后对拉开，右掌向里收回，置于右胸前，掌心斜向里，左掌转臂向前平伸，高与肩平，掌心旋转向上；目视左前方。（图3-98）

动作二： 腰缓缓左转，左腿外旋，右腿内旋，塌腰坐胯，五趾抓地踏实，左脚以脚尖点地为轴外展；同时，右掌顺缠翻掌转逆缠，经左手心上方向前推挤，掌心斜向前，指尖斜向左前上方；左手随转体向后拉回至胸前，掌心向上；目视右掌前方（此为第一掌）。（图3-99）

图　3-98 　　　　　　　　图　3-99

动作三：腰缓缓右转，右腿外旋，塌腰坐胯，五趾抓地踏实；左腿内旋，脚尖点地，脚跟随势外展；同时，左掌顺缠翻掌转逆缠，经右手心上方横掌向前推挤，掌心斜向前，指尖斜向右前上方，高与肩平；右掌顺缠翻掌屈肘收回，向后拉至胸前，掌心向上；目视左掌方向（此为第二掌）。（图 3-100）

动作四：腰再向左缓缓回转，右腿内旋，左腿外旋，左脚跟内转；同时，右掌顺缠翻掌转逆缠，经左手心上方横掌向前推挤，掌心斜向前，指尖斜向左前上方，高与肩平；左掌顺缠翻掌屈肘收回，向后拉至胸前，掌心向上；目视右掌前方（此为第三掌）。（图 3-101）

图　3-100 　　　　　　　　图　3-101

要点解析：

三换掌内外虚实转换，两手前后交替推掌，其身法皆以中定为基础，重心始终在右脚上。

虚实内换全在腰肾，外换即在两掌。右换掌时，右腰肾为实，左腰肾为虚；左换掌时，左腰肾为实，右腰肾为虚，内外虚实转换，又互为其根。

此势胸腹开合折叠和腰肾虚实转换，使内气得以周流运转。内气由命门而出，上至两肩、两臂，当左手领气逆缠推挤时，内气贯注指梢；右手顺缠拉回时，内气回流丹田，如此往复，气随意到，劲随气到。

第二十一式　肘底捶

动作： 身向左转，右腿内旋，左腿外旋，脚尖点地；同时，左手逆缠向右下，右手顺缠向左上，两臂交叉划弧一齐并运，手心皆向下，高与肩平；当两臂相开时，身体转向右螺旋下降，左手逆缠变顺缠，旋腕坠肘，竖起前臂变立掌，掌心向右，右掌变拳顺缠自右向左合前臂置于左肘下方，拳心向里，形成两臂左逆、右顺一齐并起，一齐并运，左肘在上，右拳在下，胸微含蓄，一齐合住之势；目视左掌前方。（图 3-102、图 3-103）

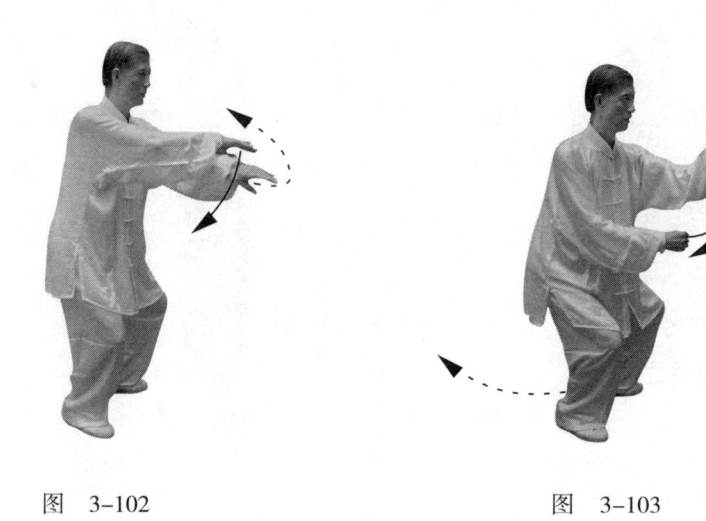

图　3-102　　　　　　　　　　图　3-103

要点解析：

此势合住劲，需用缠丝法，不用缠丝法形似合住，其内劲未曾合住。缠丝不是徒手转圈，实内气在左右手中运动缠绕，其内劲发自指肚。当右手顺缠时，其劲由指肚斜缠至右腋下，前臂内合时，再由腋下转回至指肚；左手逆缠内劲也皆如此运动缠绕，对开对合，其劲才能合得住。

第二十二式　倒卷肱

动作一： 腰向右转，重心下降，松胯、屈膝，左脚尖点地腿逆缠里合，右腿微顺缠，重心移至右腿；左手随之顺缠上引，随即腰向左转，左手变逆缠而下落至腹部前；右手拳松开变掌自左肘内侧向上穿出至右额前，掌心斜向左前方，指尖向右上方；同时，左脚以前脚掌贴地经右踝旁向左后方弧形撤一大步，左腿变实，重心随之后移；左掌随左脚后撤，由腹部弧形下捋至左胯外侧，沉肩、坠肘、腕下按，掌心向下，指尖向右前；目视右手中指尖前方。（图 3-104）

图　3-104

动作二：腰向左转螺旋下降，右腿逆缠转顺缠，左腿顺缠转逆缠，腰腹相合；同时，两手随之内旋，掌心向上，各顺缠一小圈，然后大顺缠前后伸展相开；右腿屈膝前弓，五趾抓地踏实，左腿伸展前蹬，重心随之右移；目视前方。（图 3-105）

图　3-105

动作三： 重心随即左移，身体右转；左手自左下而上旋腕转臂由顺缠变逆缠，弧形向前经左耳推至胸前，掌心斜向右前；右手自右上左缠下落胸前，掌心向左前，与左前臂相交叉；同时，右脚随之提起，前脚掌贴地后撤，经左踝旁向右后以弧形撤一大步，重心后移，右腿变实；随右脚后撤，左手逆缠向前推挤至左额前，掌心斜向右前方，指尖斜向上；右手在胸前经左前臂交叉而过，随右脚后撤向后下方弧形捋至右胯侧，沉肩、坠肘、腕下按，掌心向下，指尖向左前；目视左手中指前方。（图3-106、图3-107）

图 3-106　　　　　　图 3-107

动作四： 与动作二、动作三相同，唯左右相反，其文字说明略，不赘述，但动作图照连贯，不间断，其好处即可从图照正面看清反面拳势如何动作。（图3-108—图3-111）

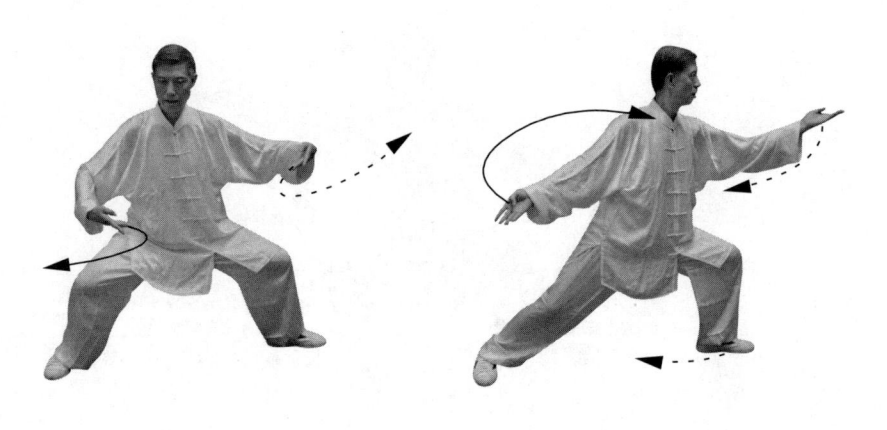

图 3-108　　　　　　图 3-109

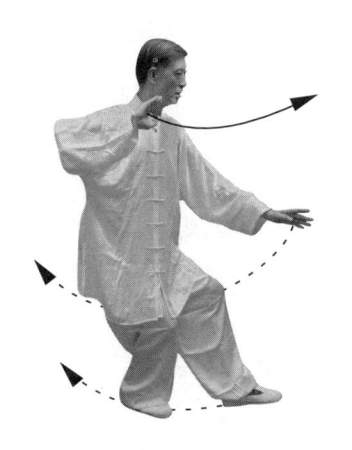

图　3-110　　　　　　　　　　　　图　3-111

要点解析：

何为倒卷肱？脚退行，左右手一替一回，更迭往后倒而卷之；肱者，即不留情以胳膊尽力击之。

此势阴阳来回更换，但退行有正无偏。成势时，两臂的肩、肘、手前后相应相合，并与两腿的胯、膝、脚上下相照相应；身虽后坐，而意领向前，自然平准无偏。

此势内气运行，随倒卷运行循环往复，阴阳二气则形成倒转运行的太极图。皆知，内气随缠丝劲循行周身。人之一身，缠丝运动路线共有两条，即一条是自左脚跟至右手指，另一条是自右脚跟至左手指，中间交叉于腰，形似算术题中的"×"号（乘号）。

当起于左脚跟的逆缠向上发到腿上，形成膝头由外向内旋（逆缠），上升到胯，自然斜着通过腰脊，引腰脊右旋折叠，再转到右臂上去，右手沿螺旋曲线由内向外旋转上掤，自然也就成了手的顺缠。

而起于右脚跟的顺缠向上发到腿上，形成膝头由内向外旋（顺缠），上升到胯，也自然斜着通过腰脊，引腰脊左旋折叠，再转到左臂上去，左手沿螺旋曲线由外向内旋转下捋，自然也就成了手的逆缠。

可以看出：在一条斜线上，如果左脚是逆缠，右手必然是顺缠；如右脚是顺缠，左手必须是逆缠。

如果在这条直线上，考虑到腿与臂的弧线运行因素，那么这条直线就成了一条"S"形线。如果再在"S"形线外边加上一个圆圈"○"，岂不成了一个太极图"㋀"象。

正如陈鑫说："手中日日画太极，此道人人皆不识。""所画之圈有正斜，无非一圈一太极。""每日细玩太极图，一开一合在吾身。"

陈鑫指出："气机行于肱内，皆缠丝劲，言手而足在其中。"因而所知，脚与手的逆缠是入劲，而脚与手的顺缠是出劲。如果两脚逆缠，两手同时顺缠而发，就不难理解"劲起于足，主于腰，行于指"的经典论述。

第二十三式　退步压肘

动作一：身心放松，腰微左转，左手松落于左胯旁，右手随身体向左蓄引之势屈肘逆缠松落至左腹前；随即腰向右转，左手顺缠转臂变逆缠至右腹前与右前臂相交叉，掌心皆向内，重心移至右腿；目视左手前方。（图3-112、图3-112附图）

图　3-112 　　　　　　　　　图　3-112附图

动作二：心气下沉，腰再左转，上体微向前倾，胸腹相合，随之右脚提起脚跟，以脚尖贴地，经左踝内侧向右后斜方弧形撤步，当撤至落步点时，脚跟向后发挫顿劲，重心后移；同时，右肘随右脚后撤上掤内扣，由下旋压至左手臂之上；左肘随之左扣外挑，经右手里侧旋转上掤，左掌逆缠，以手指贴右胁而上，向左前伸展，掌心向下；右手顺缠，以手指贴左胁而上，向左前伸展，

掌心向下；随即两手徐徐相开，左掌在前、右掌在后，指尖皆向左前方；松腰坐胯下蹲，重心移至右腿；目视左手方向。（图 3-113、图 3-113 附图、图 3-114、图 3-114 附图、图 3-115）

图 3-113

图 3-113 附图

图 3-114

图 3-114 附图

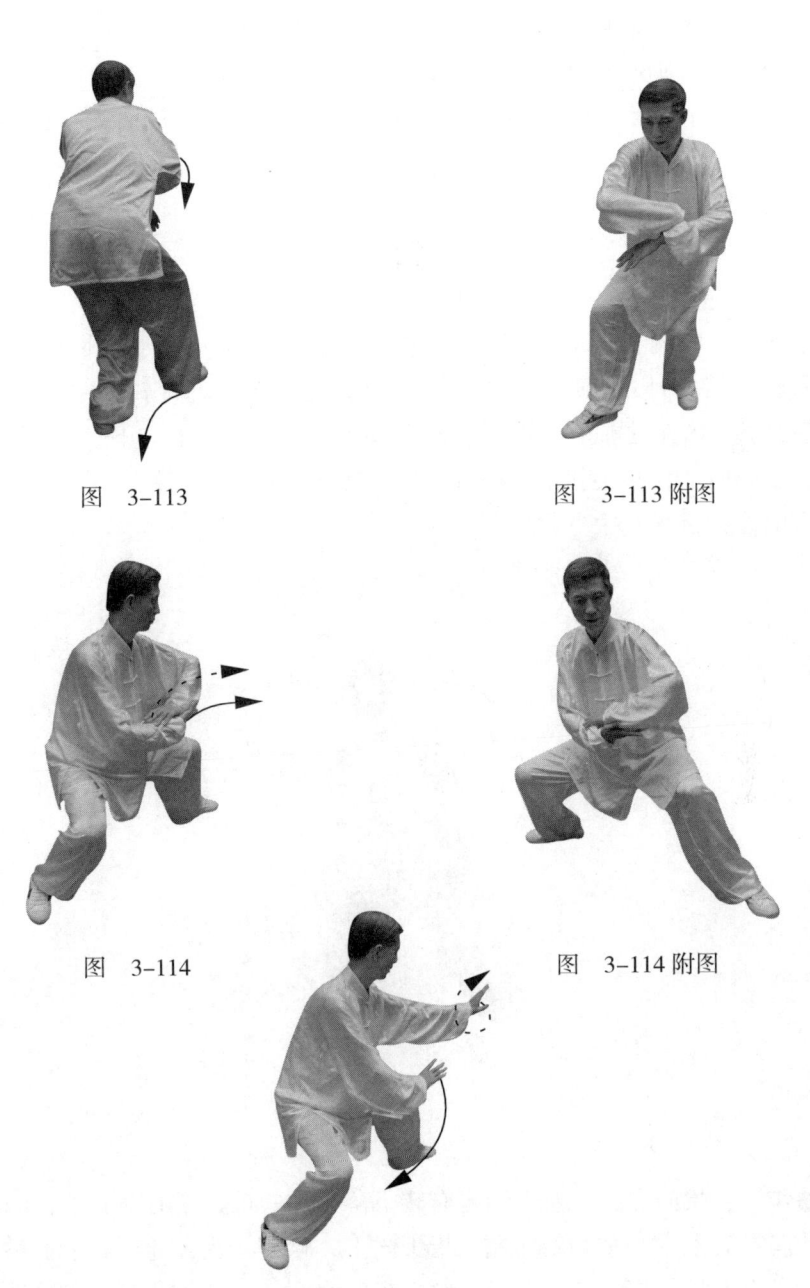

图 3-115

要点解析：

此势为两臂磨盘缠丝劲，两臂以肘为轴，身以腰为轴，腿以膝为轴，上中下同时旋转缠绕，并与胸腹折叠相互配合。肘下压时要与膝相合，全身一合俱合；右脚后撤步发挫顿劲时，要沉稳、凝重，寓有背靠、臀靠、胯靠之意。

周身劲气，随心意磨盘缠丝圈上下、左右盘绕循行，当右脚后撤、两臂向前伸展之时，内气由丹田经背脊上行两肩，注入两肘；同时下行两膝注入两脚。

第二十四式　中盘

动作一： 腰向右转，身微后旋，重心后坐，两腿左逆、右顺缠向右侧旋转至与右脚跟相齐时，随即转左顺、右逆缠，随腰向左前旋转，左腿前弓踏实，右腿后蹬，重心随之前移；同时，左手以腰为轴，沿右上左下顺缠翻掌落至左膝前，手心向上，指尖斜向左前方；右手缓缓松落至右胯侧，手心向下，指尖斜向右前方；目视左手方向。（图3-116）

图　3-116

动作二： 腰向右转，左手随身右转下落至左腹前，掌心向右下；同时右手逆缠转向右后上举，掌心斜向左，指尖向上，略高于头；随着右手上举，右腿屈膝向左上提顶，高与腰齐，成左独立势。（图3-117、图3-117附图）

图　3-117　　　　　　　　　　　图　3-117 附图

　　腰微左转，劲气下沉，右脚松落震脚，落于左脚右侧旁，重心随即移于右腿，左脚跟随之提起；同时，左手移于右胁前，掌心向右下；右臂屈肘以肘尖自上而下随右震脚下沉，与左前臂交叉于右胁前，掌心向左前，指尖向上；目视左前方。（图 3-118）

图　3-118

动作三：腰向右转，右腿屈膝坐胯下蹲，重心下沉，完全落于右脚，左脚向左后（约15°）横开一步；同时，两手微相合，随即腰向左转，重心左移；两手随腰左转顺缠外掤，左手向左上，右手向右下分别展开；当左手上掤至左额前，右手下捋至右胯侧时，腰微向右回旋，重心下降，掌心皆斜向右前方，形成斜开，中盘定势；目视前方。（图3-119、图3-119附图、图3-120）

图 3-119

图 3-119附图

图 3-120

要点解析：

此势在缠绕蓄合、两臂斜开时要充分体现陈式太极拳"欲开先合""欲左先右"和"合中寓开"的特点，其消息全在腰间，内气需贴脊背。当欲向左开时，先向右外下旋腰一转，这样就会在合中寓有开劲；当重心向左移，两臂斜开时，成势之前，腰向右要回旋下沉，落胯坐实，但裆口的高度不得低于膝，低者即成"荡裆"，拳家称此为病。

同时，还要注意两臂斜开时要对称相开，圆转相连，左右平准，不失中定。

内气循行，其原则要明，即：动则生阳，静则生阴，一动一静，互为其根，此太极拳之本然。当大小周天相通之后，气便能随心意而行，才能真正体会到一动一静一周天之妙。

陈鑫云："能与人规距，不能使人巧，举一反三全在学者。"以上二十几个拳势，未赘述势中每一动作气如何循行，如那样做会把人的思想搞乱，让人感到是玄学，使人越看越不懂，越学越烦恼。因而，本拳套所言劲气循行，只讲每势成势前的劲气运行，过渡势不赘述。其意是让人懂得"出劲、入劲之诀"。

比如，中盘一势，在两手相蓄相合未开之时，它是中盘成势前的一动作，这时讲清内气运行路线，才能给人以"规距"，学者才能举一反三。相蓄相合之时，内气会在丹田中不停地鼓荡，当两臂徐徐斜开之时，内气由丹田后行，沿脊背上行头顶，下行两臂，达手指尖；当腰向右回旋定势之时，内气由手指，沿两臂内侧回至丹田；另一股分行两腿，达涌泉。此为讲规距，而不赘述。

第二十五式　白鹤亮翅

动作一：腰微左转，随即右转，以腰带右腿提起，右脚向左并步，以脚尖点地置于左脚斜前方，重心移至左腿；同时，右手顺缠转臂向左至左腹前，掌心向左前方；左手逆缠屈肘合于右手臂之上，掌心向右后；目视右前方。（图3-121）。

图　3-121

动作二：与第七式"白鹤亮翅"的动作三图3-40、图3-41相同，不赘述。但为了拳套承上启下、套路不断之作用，图照按序刊登，以后不赘述。（图3-122、图3-123）

图 3-122 　　　　　　　　　图 3-123

第二十六式　斜行拗步

此势动作与要点皆同第八式"斜行拗步"，可对照参阅图3-42—图3-47及文字说明。（图3-124—图3-128）

图 3-124 　　　　　　　　　图 3-125

图 3-126

图 3-127

图 3-128

第二十七式 闪通背

动作一：腰向右螺旋下降，右手随之顺缠转臂翻掌朝下；左手逆缠向右合劲，以掌贴于右前臂下侧，掌心向里；同时，两腿下蹲为马步，成两臂抱肘下蹲势；目视左前方。（图3-129）

图　3-129

动作二：腰微向右旋，重心移至右腿，以右脚跟为轴，两臂合住向左后转体，左脚随转体弧形向左后撤一大步（面东南转面东北），重心左移，松腰坐胯，马步不变；目视右前方。（图3-130）

图　3-130

动作三：身微下蹲，两臂微合，两手顺缠转逆缠向左右分别展开，左手在左肩后向里屈肘翻掌使掌心向右前，弧形运至左额前；同时，右脚以脚跟为轴，身体右转，左脚脚尖点地辗转；右手随体沉肘转臂置于右胯侧，手心向下；随即左脚向前迈一步，前脚掌着地，重心后移，松腰坐胯；左手经胸前向

第三章　陈式太极拳第一路

左后下按，掌心向下；右手旋腕转臂向前伸展穿掌，在胸前与左手交叉而过，掌心向上，指尖向前，高与喉平；目视右手前方。（图3-131、图3-132、图3-132附图）

图　3-131

图　3-132 　　　　　　　　　　图　3-132附图

动作四：心气放松，重心下降，左腿顺缠，右腿逆缠，腰向左下旋转，上体转向左侧；同时，两手左顺、右逆缠向左弧线缓缓松落，随松落以肘为轴旋腕翻掌，右手置于胸前，左手置于左胯外侧，手心皆向外，指尖皆向下；目视左手方向。（图3-133、图3-133附图）

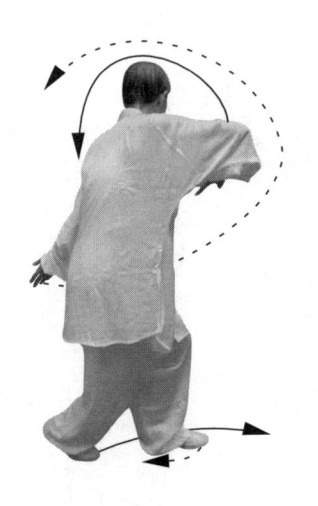

图 3-133

图 3-133 附图

动作五：腰微左旋，随即以左脚跟为轴，身体迅速圆活向右后转体；右脚以前脚掌贴地随转体向右后撤步弧形后扫半圈，重心随势略后移，脚跟落地时后挫蹬地，两腿随之开胯圆裆屈膝下蹲；同时，右手随体顺缠大弧线翻落下按至右胯旁，掌心向左下方，指尖向左前方；左手随体逆缠转半圈，翻落至左肩前，手心斜向右下方，指尖斜向前上方，高与肩平；目视前方（此为闪通背定势）。（图3-134）

要点解析：

此势为倒转身法，转体要圆活无滞，浑然一体；两手翻转与转身、撤步密切相关联，要一气呵成；定势应沉着稳健，上下相合，前后相照，意到气到，神形合一。

图 3-134

此势核心即需明何为闪通背？闪者，不难明。如有人搂住后腰，以腰向前猛一弯，头与肩往下一低，用后面长强与环跳（即大腿外骨）往上用力挑其小肚，敌自从吾头上闪跌颠翻在地。

难明者，即为"通背"。何为通背？其实是指中气之运行路线。皆知，小周天内气循行，先督脉，后任脉环行一周。而"通背"内气循行正相反，即内气先沿任脉逆行而上，至头顶百会；再由百会顺行督脉，下通长强、会阴。

此势末节，倒转身时，内气由丹田沿任脉上行百会，在由百会下行督脉，通于长强、会阴，形成内劲逆行，故称通背。

拳歌曰："肩背何由号闪通，督至长强是正中。从下翻上为倒劲，敌闪到前在我躬。"

第二十八式　掩手肱捶

此势动作与要点，皆同第十四式"掩手肱捶"，可对照参阅图 3-65—图 3-73 及文字说明。（图 3-135—图 3-141）

此势唯不同处，即方向不同。"掩手肱捶"成势时，左脚在东北，右脚在西南；而此势成势时，正相反，左脚在西南，右脚在东北。

图　3-135　　　　　　　　图　3-136

137

图 3-137

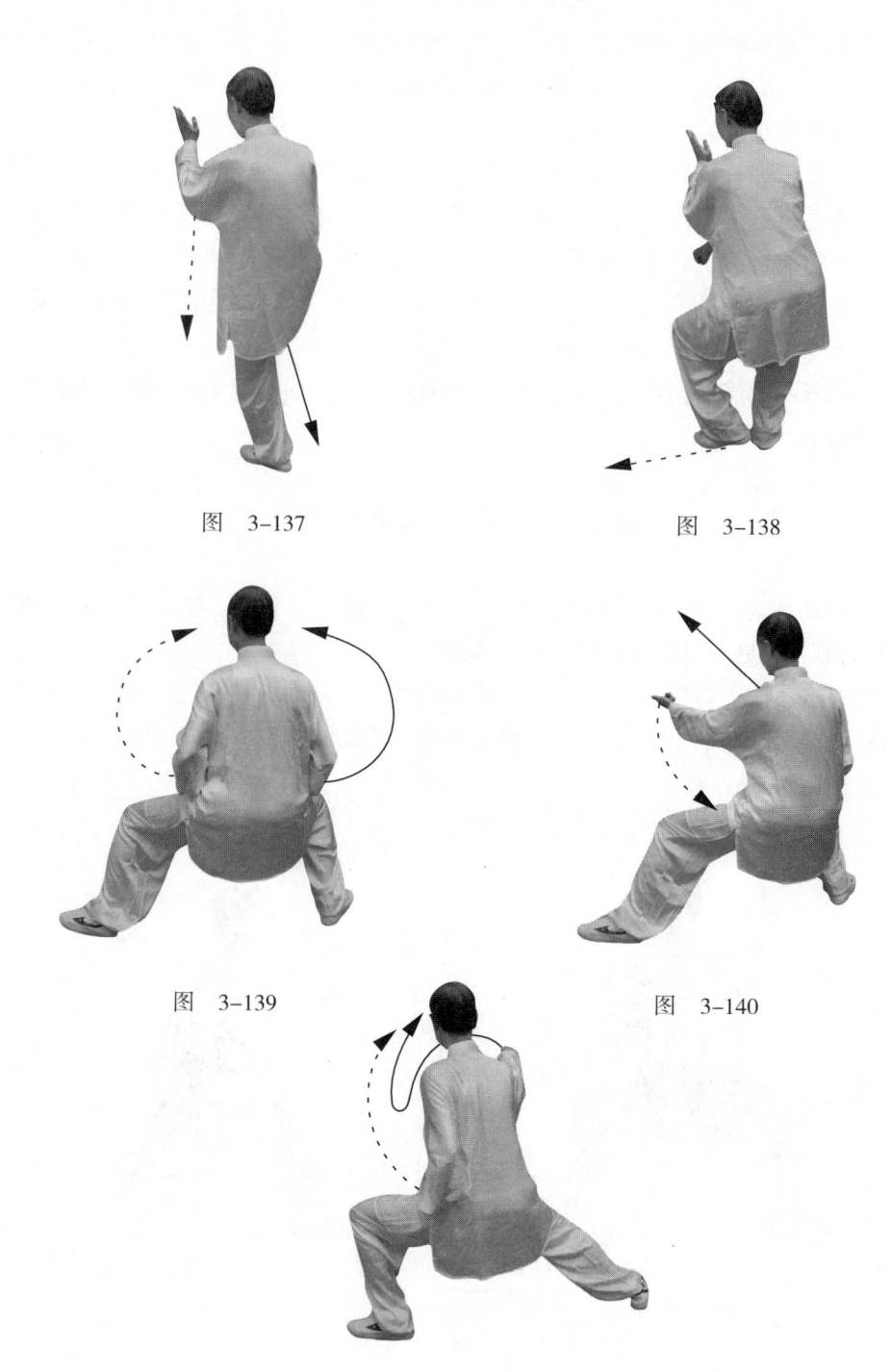

图 3-138

图 3-139

图 3-140

图 3-141

第二十九式　六封四闭

动作一：腰微右转，左腿微向里逆缠，随即转顺缠向外转；右腿顺缠外转再逆缠向里，重心微后移，两脚踏实；同时，右拳变掌顺缠转臂捋至胸前旋腕翻掌，掌心向外；左手小逆缠掤至胸前，掌心向里；与右手背相合、相贴；随即腰向右旋，两手随体右转，两手背合住劲向右前方挤出；目视右前方。（图3-142）

动作二：腰向左转，重心全部移于左腿，左腿以左脚跟为轴向左转踏实，右腿随之向前提顶；同时，右手随右腿顺缠上托，手心斜向上；左手逆缠转臂，手心向里下，以腕弧形向左上掤，五指斜下垂；目视右手前方。（图3-143）

图　3-142

图　3-143

动作三：腰左转螺旋下沉，重心全部移于左腿，右腿上提，左腿以脚掌为轴外碾向左微转体；同时，两手顺缠随体左转翻掌分置于两肩外侧，掌心斜向外；随即右脚向前迈一步，左脚跟随向右并步，以前脚掌点地置于右脚旁，重心移于右腿；两掌合劲随左脚并步同时向右下按，两手指尖向前略向内，成"八"字形状；目视右前下方。（图3-144）

要点解析：

参阅第四式"六封四闭"的要点解析。

图　3-144

第三十式　单鞭

此势动作与要点皆同第五式"单鞭"，可对照参阅图 3-23—图 3-29 及文字说明。（图 3-145—图 3-150）

图　3-145

图　3-146

图　3-147

图　3-148

第三章　陈式太极拳第一路

图　3-149　　　　　　　　图　3-150

第三十一式　运手

动作一：腰微左转再向右转，重心右移；同时，右勾手变掌，左臂内旋转外旋，右臂外旋转内旋，两手在胸前缠绕一小圈；腰随之向左转，两手置于胸部两侧，手心斜向外，指尖向右上；随即右脚向右横开半步，踏实，左脚随之向右移半步，前脚掌点地；两手随转体自上而下向右划弧推挤，右手置于右肩侧，高与肩平，左手置于右腹前，掌心皆斜向右，指尖斜向外方；目视右前方。（图3-151）

图　3-151

动作二：身体微下蹲，腰向右转，重心移至右脚，下沉踏实，左脚随即向左横开一步；同时，两手随之略向左掤以对应，右手顺缠向右上方弧形伸展，略高于肩，手心向右外；左手随之向右弧形上提至右前臂内侧，手心向右内；目视前方。（图3-152）

图　3-152

动作三：腰向左转，重心左移，右脚提起经左腿后侧向左插步；同时，左手逆缠转臂沿顺时针的右弧线上提并向左侧弧线捋展，至左肩前方，略高于肩，手心向左，指尖斜向右上方；右手顺缠转臂沿逆时针的右弧线下落至腹前左侧；目视左手方向。（图3-153）

图　3-153

动作四：腰向右转，重心右移，右腿屈膝前弓踏实，左脚提起向左横开一步；同时，右手逆缠转臂沿逆时针的左弧线上提并向右侧弧线捋展，至右肩前方，略高于肩，手心向右前方，指尖斜向左上方；左手顺缠转臂沿顺时针的左弧线下落至腹前右侧，手心向右，指尖斜向右下方；目视右手方向。（图3-154）

动作五：与动作三相同，其文字说明可参阅动作三的文字说明。（图3-155）

图　3-154 　　　　　　　　　　图　3-155

要点解析：

此势是横向移步，两脚更迭，转机不能停留。姿势不能站高，高站则成"尖裆"；亦不可低站，过低则成"荡裆"；需在不尖不荡的情况下进行动作，即要求圆裆，圆裆是产生腿部缠丝暗劲必具的形式。

全身心气放松，"中气贯脊中，不可歪一处"。内气从丹田沿督脉上行分行两肩，当右手顺缠一圈时，前半圈内气由腋里边向外斜缠到指，后半圈则由指向里斜缠到腋下；左手亦然。至于两脚，当右脚前半圈由腿根内向外缠到趾，后半圈则由趾自外向里缠至腿根。

诀曰："双手领双足，左右东西舞。先由左手领，右手随后行。横行步法奇，缠丝皆向外。中气贯脊中，不可歪一处。"

第三十二式　高探马

动作一：腰微右转，重心右移，左脚向左前斜方开一步，双腿屈膝前弓，

143

圆裆落胯，下蹲成马步；同时，左手逆缠收于胸前，右手顺缠与左手交叉于右胸前，右手在上，左手在下，手背相合相对；随即腰向左转，两手逆缠经面前分向两侧向上划弧伸展至两肩侧，手心向外，指尖斜向上，高与肩平；目视右前方。（图 3-156）

图 3-156

动作二：腰向左转，左脚外撇随之转体（面向西南转面向东南），右脚提起向左前上半步落于左脚前侧，脚尖点地，屈膝下蹲；同时，两手左逆右顺缠交叉于左胸前，左手在上，右手在下，手心相合相对；目视左前方。（图 3-157）

动作三：腰向左转，重心移至左腿，右脚向右后（西南）斜开一步，随即腰向右转，两腿屈膝前弓，圆裆落胯，下蹲成马步；同时，两手逆缠经面前分向两侧向上划弧伸展至两肩侧，手心皆向外，指尖斜向上，高与肩平；目视左前方。（图 3-158）

图 3-157　　　　　图 3-158

动作四：腰向左转，重心右移，随即以右脚跟为轴，脚尖内扣，腰胯后坐，重心全部移于右腿；左脚随体左转，向后拉撤步至右脚旁，脚前掌虚点地；同时，左手屈臂收回至腰左侧，手心向上；右手逆缠至右耳侧，转臂顺缠向前推出，掌心向外；目视前方。（图3-159）

图　3-159

要点解析：

何为高探马？如马高大，骑之，而以手先探其鞍鞯。此势右手与肱向前推，左手里收与左脚后撤步，如整鞍探马势。其成势过程，右手是顺转劲，左手是倒转劲，因而要求，右手推出、左手里收与左脚撤步，三者须协调一致，体现出前后开中寓有合劲，不可有中断凹凸处。

此势手在外而实，心在内而虚，胸要含蓄，气贴脊背。当两脚左虚右实、膝开而合时，内气随缠丝劲沿督脉上行至脊背，内气运于右手成为顺缠劲，运于左肘尖而成为倒缠劲。

第三十三式　右擦脚

动作一：腰自下而上向前绕转，带动右手顺缠下捋至腹前，手心斜向上，重心仍在右腿，身体先右后左旋转；同时，左手在腹前小逆缠，右手旋腕转逆缠，手心翻转向外，在腹前以腕背与左手背相合，两臂撑圆向右前方掤出，高

与肩平；目视前方。（图 3-160）

图　3-160

动作二： 腰微左转，右手顺缠向右前掤，左手逆缠弧形向左下展开，手心皆向外；同时，左脚提起向右脚前盖步，成交叉步，脚尖外撇落地；随即右手顺缠自右而上向左弧形下落腹前，手心向上，指尖向左；左手旋腕转臂自左而上向右弧形下落至右臂上，手心向下，指尖向右，以左前臂搭在右前臂上，两臂合抱，两膝前屈下蹲；目视右前方。（图 3-161）

图　3-161

动作三：身体向上伸展；同时，两手顺缠经面前向左右划弧，右手举于头右侧上方，手心向右前，指尖斜向左上方；左手向左展开，手心向左后，指尖斜向右上方；目视右前方。（图 3-162）

动作四：重心移至左脚，右脚脚面绷平向右前方踢起；同时，右手下落迎击右脚面，左手也随着向左后下落；目视右前方。（图 3-163）

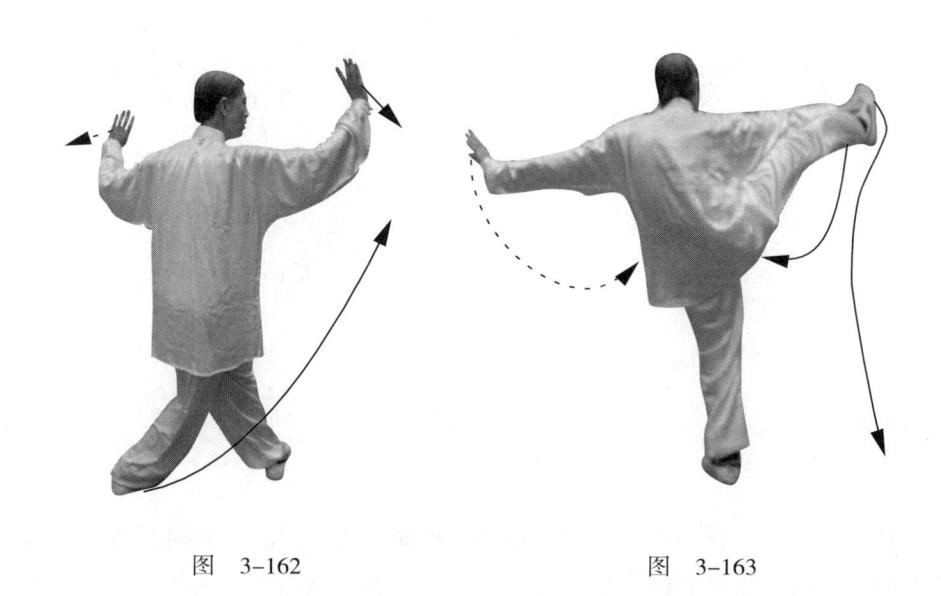

图 3-162　　　　　　　　　图 3-163

要点解析：

本势以右手拍右脚面用之顺缠法，但身法要中正不可歪斜。其势左膝微屈，左脚方能立稳，"胸向前弯，臀往后霸下，就势方能前后撑住，不至倾倒"（陈鑫语）。

诀曰："先将左足向北横，上抬右足面展平。右手从左先绕转，上打下踢两相迎。"

第三十四式　左擦脚

动作一：右脚向前半步下落，右腿略向右屈膝，脚尖外撇踏实，身体右转，重心移至右腿，两腿屈膝，成交叉步下蹲，由面北转向面南；同时，两手弧形降落向里、向上顺缠，两臂左上、右下交搭于胸前，右手心向上，左手心

向下；目视前方。（图 3-164）

动作二：身体向上、向左伸展；同时，两手经面前向左右两侧分开，左手举于头左侧上方，手心向左前方，指尖斜向右上方；右手置于右肩后，手心向右后方，指尖向左前方；目视左前方。（图 3-165）

图 3-164　　　　　　图 3-165

动作三：重心移至右腿，左脚脚面绷平向左前方踢起；同时，左掌下落迎击左脚面，右手也随着向右后下落；目视左前方。（图 3-166）

图 3-166

要点解析：

此势接上势，右手刚迎击完右擦脚，身法就倒转回，由面北而转向面南，随即又打左擦脚；两势转换尽在一合一开之间，因而要求"顶劲领起，裆劲下去"，两臂合住劲，这样，左脚提起，右脚方能稳定。此为"终则有始"，无间断处。

第三十五式　左蹬一根

动作一： 左脚自然下落，以右脚跟为轴，身体向左后转135°，左脚随转体落于右脚左侧，前脚掌虚着地，重心移于右脚，身体随之下沉；同时，两手向腹前逆缠交叉，掌心皆斜向外，指尖斜向下，面向北；目视左前方。（图3-167）

动作二： 腰微下沉，重心左移，左脚由虚变实，随即右脚向右横开一步，左腿屈膝随之提起；同时，两手变拳，随横开步逆缠一个圈交叉合劲于腹前，左臂在外，右臂在内，拳心皆向内；目视左前方。（图3-168、图3-168附图）

图　3-167

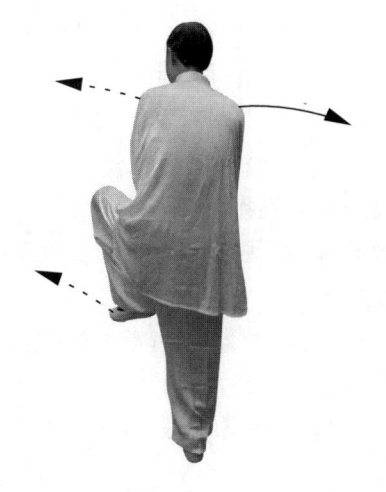

图　3-168 　　　　图　3-168附图

149

动作三： 右脚五趾抓地踏实，随即左脚脚尖翘起，陡然全身发力以脚跟向左侧快速蹬出；同时，两拳猛然向上、向左右两侧分别发劲弹出，拳心向下；目视左前方。（图3-169）

图　3-169

要点解析：

此势要求"动而健，刚而应，如雷之疾，而立足要稳"。其要意顶劲领好，右腿微屈，臀往后坐，即为"霸住"。虽脚向西蹬，身往东斜，然其劲东西用力，停而才能得其中正。此"身法偏斜，是亦中正之偏，偏中有正，具有真意"（陈鑫语）。

此势心气要放松，中气贴于脊背，劲由心发，气到劲到。

当两手逆缠合住时，内劲由指肚收于腋肩臂；两腿逆缠下蹲，劲由脚趾上缠过膝，至大腿根，此皆为逆缠劲，是入劲。

当左脚迅速蹬出时，内劲起于腰行于股，过膝至趾；两手顺缠向两侧弹出，两肱之劲，行于肩，过肘至指，此皆为顺缠劲，是出劲。

打拳"视听言动，皆在规矩中"，懂"入劲"和"出劲"，才窥其拳之真诀。

第三十六式　前蹚拗步

动作一： 左脚收回提起，向左前方落步；右腿渐渐伸展前蹚，重心前移，脚掌踏实向外旋碾，身体随之向左旋转45°，面向东北；同时，两手变掌，左手顺缠至胸前，手心向后，指尖向右；右手逆缠以掌根搭于左腕内侧，手心向左前，指尖向左上方，形成向前推挤之势；目视左前方。（图3-170）

动作二： 与第十式"前蹚拗步"动作相同，唯方向不同，第一个前蹚拗步是面向东北，而此势是面向西南。（图3-171、图3-172）

图　3-170

图　3-171　　　　　　　　　　图　3-172

要点解析：
此势要点及文字说明均与第十式"前蹚拗步"相同，可互相对照参阅。

第三十七式　击地捶

动作一：腰向右转，两手向右掤举旋转一圈，随即向左下划弧转臂捋带，手心向外，指尖斜向左下，置于身前两侧；同时，重心移至右腿，并屈膝前弓，左腿向右前伸蹬；目视右前方。（图3-173）

图　3-173

动作二：腰微右转，重心完全移于右腿，随即右脚尖外撇，左脚提起斜上步，落于右脚左侧，前脚掌虚着地，右腿屈膝下蹲，右脚踏实；同时，两手变拳随转体，右拳顺缠置于右胸前，拳心向左；左拳置于左额上方，高与头平，拳心向右；目视前方。（图3-174）

图　3-174

第三章　陈式太极拳第一路

动作三：腰继续右转，身体下蹲，重心完全落于右腿，随即左脚提起向左前迈出一步，踏实屈膝前弓；右腿随之向前伸蹬，身体向前倾俯；同时，左拳逆缠屈肘向左上方绕举，拳心朝外，拳眼向右；右拳由外向里逆缠一小圈向前栽拳下击，拳面向下，拳心向里；目视下方。（图3-175、图3-175附图）

图　3-175

图　3-175附图

要点解析：

此势为铺身法，左腿屈膝离乳甚近，腰弯向下，背高于臀，右手向地面上击一捶。

其实此势接"左蹬一根"，与"前蹚拗步"原本为一势。即左蹬脚将敌人蹬仰卧在地，因恐其复起，故左脚先向前开一步（前蹚拗步），复右脚又继开一步，接着左脚再往前开一大步，连上三步，趁其未起来而又向其身再击一捶。因而此势也称谓"上三步"。

此势身虽俯偃于地，但身法端庄而正无偏，浩然元气贯其中间。成势其法："腰大弯下去，后顶更得往上提住，勿令神庭、承浆向下，即令后顶提领，面不向下。"（陈鑫语）。裆须撑开，脚要踏实，自顶而身而腿形成一条斜直线，不凹不凸，自然斜中寓正，中气一线贯通。

内气随上三步，沿任督二脉上下、前后不断环行。当左拳向上掤展、右拳向下栽拳下击时，内气从左右胁，分两支上行两臂，左拳贯入前臂尺骨侧，右拳贯入拳面；当裆部撑开，腰劲往下沉时，内气从会阴分两支沿腿内侧贯入两脚后踵，达五趾。

153

第三十八式　翻身二起脚

动作一：身体向右转，随转体左脚内扣，左腿逆缠向里转，屈膝坐胯下蹲，右脚随之收回半步，重心移至左腿；同时，左拳屈臂内旋，随转体下沉至腹前；右拳转臂屈肘上提，在腹前与左拳相交，右拳在外，左拳在内，拳心皆向里；随向右转体右拳向上、向前、向下顺缠划弧向右侧下落，置于右胯侧，拳心斜向左上；左拳向上、向前顺缠划弧向左上举至头部左侧，拳心向右下；目视前方。（图 3-176）

图　3-176

动作二：腰微向右转，重心完全移于左腿，右腿屈膝提起，小腿前伸，脚面不勾不绷，自然平展；同时，右拳上提屈肘顺缠一小圈，伸指变掌置于右膝外侧；目视前方。（图 3-177）

动作三：重心前移，右脚随之向前落步踏实，右手随之下落；随即左脚向前上方踢起，左拳向前、向上划弧领劲；当左脚尚未落地时，右脚即蹬地跃起，向前方绷平脚面上踢；右掌向后、向上、向前、向下逆缠一

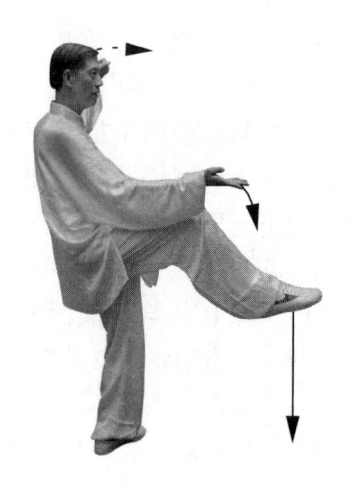

图　3-177

154

第三章　陈式太极拳第一路

圈迎击右脚面；随即左脚落地，左手松落左胯侧；目视前方。（图 3-178—图 3-181）

图　3-178

图　3-179

图　3-180

图　3-181

要点解析：

何谓二起脚？即左右二脚相继离地跃起踢出，故名。

此势右脚为主，左脚为宾。先起左脚，以引右脚起势。在左脚未落地前，右脚随左脚腾起上踢，上跃之劲尽力向上升提，故也称谓"踢二脚"。

"二起脚"是纵跃身法，右脚踢出过顶为宜，起跳应借两臂立圆轮绕掼劲带动身体上提腾空，上下肢要配合一致。手脚相击有声。

"二起脚"传统有四种练法。其实习者掌握三种方法即可。

一种是适合老年人或弹跳力弱的人的练法。即是"以一起代替二起"，没有两脚腾空的动作。就是"左脚上步，右脚随之上踢，以右掌迎击右脚面"。

另一种是适合青年人或弹跳力好的人的练法。即在击地捶后翻身一转，两脚随即相继腾空踢起。这也是难度最大的一种练法。

再一种是本势所练方法。即是借两臂大开大展的缠丝圈来协助身体的跃起和二踢。这种练法难度介于两者之间。

此势成势末节，内气随转体由丹田下行于两脚，当两脚蹬地腾空上跃时，气由后踵逆行而上，至裆、至腰、至脊、至膀；随之裆劲、腰劲、脊劲、膀劲陡然一合，又陡然一开，内气随顶劲上领，一股内气逆行至两肱，另一股内气沿任脉下行于两腿。当手脚相击时，内气达两手两足，气到力到劲到，相击有声。"如泽中有雷，震惊百里"。

"二起"之目的，是击敌之口、鼻、额。有拳歌曰："二足连环起，全身跃半空。不从口下踢，何自血流红。"因而"二起"之起脚，要求过顶，故有"乾卦飞龙在天之象"。

第三十九式　兽头势

动作一： 右脚落地，左脚向左斜后方撤一步，右腿随之屈膝前弓，左腿向右前伸蹬，成右弓步；同时，两手左顺、右逆缠从左向右前方推出，手心皆向右，指尖皆向前，上肢与下肢形成对拉劲；目视前方。（图3-182）

动作二： 腰微右转，重心后移，两手随转体向右前方下落，随即右脚前脚掌贴地向后撤步至左脚右侧虚着地，两腿随之前屈，左脚实，右脚虚；同时，两掌握拳随后撤步置于腰两侧，拳心皆向内；目视前方。（图3-183）

动作三： 腰向左转，右脚向右斜后方撤步；同时，两臂随腰右缠向左前方发力推出，两拳拳心皆斜向内，两肘下沉，两臂成圆，高与胸平；随即弓左

腿，蹬右腿，重心移至左腿，成左弓步；目视前方。（图 3-184）

动作四：腰向右转，左拳向右逆缠，经胸下落经左腰前，置于左膝上；右拳向左、向下逆缠转一小圈转顺缠向上、向外发劲掤挤；右拳置于右胸前，拳心皆向内，拳眼皆向上；同时，左腿内旋转外展向前弓，右腿外展转内旋向前弓蹬；目视右拳前方。（图 3-185）

图　3-182

图　3-183

图　3-184

图　3-185

要点解析：

兽头一势其形如房上凶恶兽头，故名。本势精神全聚于眼，"右拳在胸，左拳在左膝上，中间瞪住眼而恶视之"，其意在虎视眈眈，观敌来路，乘便应之。因而此势又称"护心捶"或"打虎势"。

势中外顺缠、内逆缠交替变化较多，因而在顺逆缠转关变换外掤、内捋缠丝时，要注意腰脊主宰的作用。

在拳势中虚实转换以及顺逆缠交替动作时，气机从未停止过，心平气和，以虚灵之心相照，气贯于心肾中，上通头顶，下达会阴，上下、前后循行不止。当成势时，中气归于丹田，逆行至脊，达于两肱，气劲形成肱脊对拉之势。

第四十式　旋风脚

动作一： 腰微向右转，再向左转，重心右移；同时，两臂以肘为轴，左顺右逆缠，两拳随转体向右、向下、向左上方划弧至左肩前，双拳随即绕转变掌，手心皆斜向外，指尖皆向左；目视左前方。（图3-186）

动作二： 腰向右转，左腿内旋，右腿外旋，重心渐移至右腿；同时，左手逆缠，右手顺缠向右下划弧至右胯外侧；腰渐左转，重心渐移至左腿，陡然两肘外旋转臂，左手变顺缠向上方撑起，掌心斜向下，指尖斜向右；右手突逆缠向左上托起，手心向上，指尖向前；随即右腿屈膝向前提起，重心完全移于左腿，右前臂沉于右膝外侧；目视前方。（图3-187）

图　3-186　　　　　　　　图　3-187

动作三：腰微右转，左腿屈膝下蹲，右腿外旋，脚尖上翘外撇，向前上半步，右脚跟先着地；同时，右手向右后旋转，经右胯向前推，虎口向前，手心向左；左手弧形下落于胸前，合于右前臂上，手心向右；随即重心前移，右腿屈膝前弓，左腿屈膝后蹬，脚掌着地，脚跟提起，上体保持中正；目视右手前方。（图3-188）

动作四：腰微向右下旋转，重心移于右腿，裆劲裹住，左腿随体右旋以弧形裹起向右上方扫摆；同时，两臂顺缠分开向两侧展开，左掌横拍左脚内侧；随即右腿以脚跟为轴向右后旋转180°，左脚落于右脚左侧，重心仍在右腿上，两膝微屈下蹲；两手松落，置于腹两侧，手心皆向后，指尖皆向下；目视前方。（图3-189、图3-190）

图 3-188

图 3-189

图 3-190

要点解析：

旋风脚一势，用的是裹裆旋扫劲，从起脚到落脚约旋扫180°，是一个高难度的动作。当左脚横扫时，顶劲要领住，裆劲要裹住，腰劲要合住，全身皆有向内合劲；当手脚相击时，全身皆向外开，一开俱开，内外一致，上下相随，速度要快，劲要整。

"旋风脚"乃拳势中变格之势，脚在下，前踢、后蹬，此为正格。今以左腿旋风横运击人，故为变格。陈鑫云："以浩然之气行之，无往不宜。"当左腿变格击人时，丹田内气，一股注入两股，达两脚，右腿独立，犹如中流砥柱；左腿横扫，犹如千钧棒。另一股经会阴、背脊上行头顶，下行注入两肱。此为上下一齐并运。

　　拳歌曰：声东击西计最良，此是平居善用方。唯有飞风披左右，机关灵敏内藏胸。任他无数敌来攻，一脚横扫万重山。

第四十一式　右蹬一根

　　动作一：腰微动，两臂微合，重心略上移，随即身体下蹲，重心右移，左脚向左横开一步，右腿随之以前脚掌贴地收于左脚旁，脚尖点地，成虚步，重心移至左腿；同时，两臂随开步，向两侧大开，两手顺缠沿上弧线向左右圆撑；随右脚收步，两手下落，两前臂搭于腹前，两掌变拳，左拳在上，右拳在下，拳眼皆向上；目视右前方。（图 3-191、图 3-192、图 3-192 附图）

图　3-191

图　3-192 　　　　图　3-192 附图

动作二：重心完全移于左腿，右腿屈膝提起，两臂内收，胸腹蓄住劲，陡然两臂向左右两侧大开弹抖发劲；同时，右脚以脚跟向右侧突然蹬出发劲；目视右前方。（图3-193、图3-194）

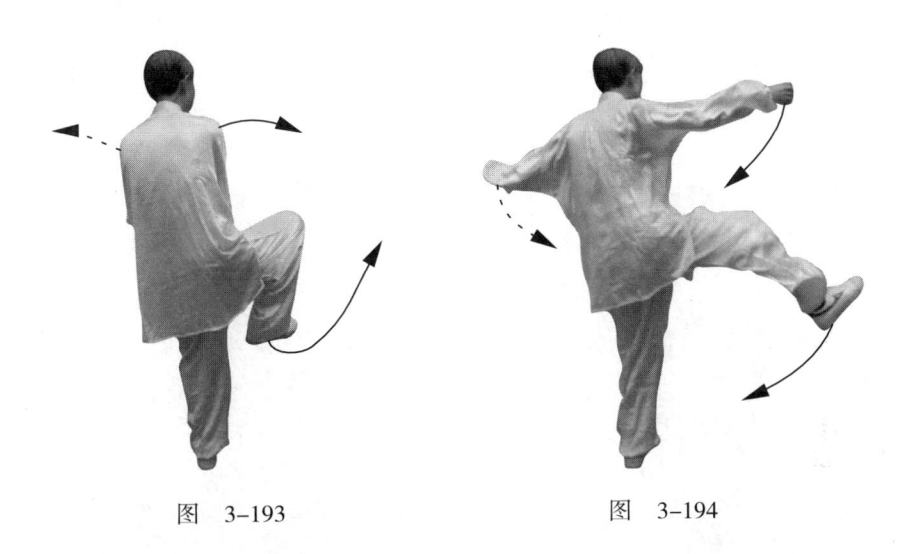

图 3-193

图 3-194

要点解析：

此势与第三十五式"左蹬一根"的动作相同，唯左与右的蹬脚不同。前势为左蹬脚，此势是右蹬脚，其要点可参阅"左蹬一根"文字阐述。

第四十二式　掩手肱捶

动作一：右腿松落屈膝，右脚收回，脚尖似着地不着地，左腿仍独立；同时，重心微向下松，右拳顺缠下弧线落于左胁侧，向上收提，拳心向左后方；左拳顺缠上弧线至右肩前，拳心向右后方；目视右前方。（图3-195）

动作二：左腿向上略蹬伸，左脚以脚跟为轴，脚尖内扣，腰向右上拧旋，使身体向右旋转90°；同时，右拳左弧线逆缠上提，拳心向里，随拧腰转身向右翻落于右胯侧，拳心向上；左拳右弧线逆缠向里下翻转向上，置左肩侧，

图 3-195

161

拳心向右，随转体双臂向后发弹抖劲，右膝提起，脚尖下垂，成左独立势；目视前方。（图 3-196）

动作三：右拳向里转臂翻腕落于腹前，拳心向下；左拳变掌，前臂竖起，肘往里合下沉，掌心向右；同时，右脚随沉气、重心下降蹬地震脚，随即重心移于右脚，左脚变虚，前脚掌虚着地，两腿屈膝下蹲；目视右前方。（图 3-197）

图　3-196 　　　　　　　　图　3-197

此势以下动作与第十四式"掩手肱捶"的动作四、动作五相同。（图 3-198—图 3-202）

图　3-198 　　　　　　　　图　3-199

第三章 陈式太极拳第一路

图 3-200　　　　　　　　　　图 3-201

图 3-202

要点解析：

此势与第十四式"掩手肱捶"不同处，是接承前势不同。本势上接"右蹬一根"，而第十四式"掩手肱捶"上接"前蹚拗步"。因而有前三个动作的不同。但此势左腿独立势向右转体，形似陈式太极拳二路中的"海底翻花"，其要意也大致相同，动作以运动肘关节为主，两臂双开劲，要保持住身躯的平衡。陈鑫曾说："平居耍拳不可不守成规，亦不可拘泥成规，是在学者能善用其内劲。"

详细阐述可参阅"掩手肱捶"文字说明。

163

第四十三式　小擒打

动作一：腰向右旋，身体微下蹲，随即身向左转，重心前移，落于左脚，两腿屈膝下蹲；同时，两拳变掌，左手松落左膝前，掌心向右，指尖向右下方；右手顺缠向右上划弧至右肩前，转臂向左下落与左手相搭，掌心向左，指尖向左下方，左手在上，高与腹平；目视左前方。（图 3-203）

图　3-203

动作二：腰向右转，重心移于右腿，随即腰微左旋，重心下降，屈膝下蹲，成偏马步；同时，右手大顺缠向右上划弧撑展，至右肩外侧，掌心向右下，指尖向左上，高与鼻尖平；左手旋腕下按，置于左膝外侧，掌心向下，指尖向前；目视左前方。（图 3-204）

图　3-204

第三章　陈式太极拳第一路

动作三：腰微右旋转左旋，随即右腿屈膝提脚向左前上步，脚跟先着地，脚尖外撇，重心随之前移，右腿向前弓屈，左腿微屈膝向前蹬展，成右弓步；同时，右手大逆缠向左前推挤，虎口张开，掌心向下，指尖向前，高与脐平；左手逆缠，交搭于右前臂上，掌心、指尖向右；目视前方。（图3-205）

动作四：重心向前移于右腿，右脚外撇，身体向上直起，随之左腿屈膝上提，成右独立势。（图3-206）

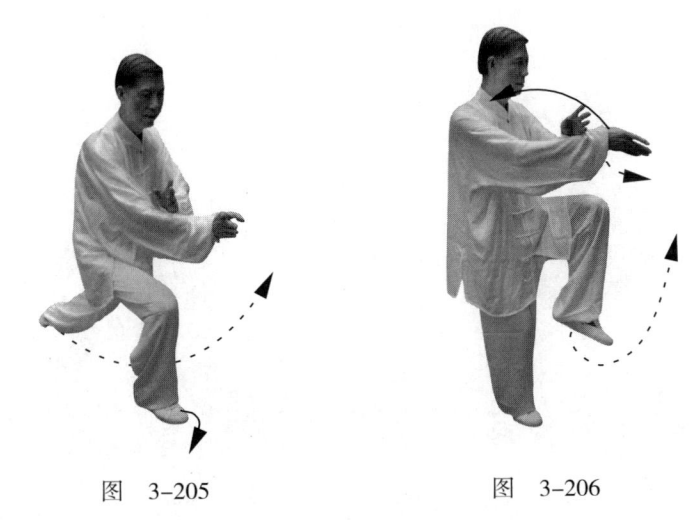

图　3-205　　　　　　　　图　3-206

随即右腿屈膝下蹲，左腿以脚跟内侧向左前方铲出，重心仍在右腿，屈膝下蹲，成右偏马步；同时，左手随左腿逆缠向左下弧线按挤，置于左膝外侧，掌心向下，指尖向前；右手顺缠向右上划弧掤举，置于右肩侧，掌心向左下，指尖向前；目视前方。（图3-207）

图　3-207

动作五：重心左移，随即右手自右上顺缠下落于左膝内侧，掌心向上，指尖向左；左手转臂上翻，掌心向上，指尖向左，置于左膝外侧，重心又移于右腿；目视左前方。（图3-208）

紧接着，腰向右转；同时，两手左逆右顺缠，向右划弧至右肩前，转臂翻掌向左下膝前挤按，掌心、指尖皆向左，重心仍在右腿；目视左前方。（图3-209）

图 3-208 　　　　　　　　　图 3-209

要点解析：

"小擒打"，顾名思义，曰"小"，言身法小也。其意，敌败复来，故上遮下打，擒而取之，不必用大身法。

此势上右步，右手向后运，再往前催，用的是倒转劲，故称"肘下偷擒法"。拳歌曰："偷从左手肘下穿，捆肚一掌苦连天。"

接着又上左步，顺其要劲以给之。两掌合住劲，以右掌为主，向左方一击。因而拳歌明示："左手提起似遮架，右手一掌直攻坚。"

学者应注意，劲在掌根，缠丝劲寓于两肱运行之中。

此势连上两步，丹田之气贯通上下。但内气分行四股，又各行其道，两股上行于肩，两股下行于腿。当两肱缠绕时，上行内气由肩骨中贯到左右手指；下行内气也随两腿内缠外绕由骨缝中贯至左右脚趾。陈鑫有言：内气"在骨中者，谓之中气，其形于肌肤者，谓之缠丝劲。"所言"缠丝劲寓于两肱运行之中"，至此就不难理解了。

第四十四式　抱头推山

动作一：重心微向左沉，两掌交叉合于左膝上方，左手在上，掌心向下，右手在下，掌心向左下；随即两掌变拳，两手合住，两肘向内旋，两拳向里、向上、向外翻，拳心向上；同时，弓左腿，重心移于左腿；目视左前方。（图3-210、图3-211）

图　3-210 　　　　　　　　　　图　3-211

动作二：重心微下沉，两手由拳变掌，掌心向上，双逆缠划弧向左右分开，至胸前两侧，掌心皆向上，高与胸平，重心略后移；目视前方。（图3-212）

图　3-212

动作三：重心移于左腿，以左脚跟为轴，身体向右转90°，右脚收回半步，以前脚掌虚着地；同时，两前臂内旋屈肘，两手逆缠向上方托起，掌心斜朝上；随之屈膝，重心下沉；目视右前方。（图3-213）

动作四：身体微向左转，两手随转体微向左移，两肘下沉，旋腕转臂，两掌分置两肩上，掌心斜向内；随即重心微沉，右脚向右前方上一大步，脚跟先着地，身体右转，重心前移，右腿前弓变实，左腿后蹬；同时，两掌顺缠向前推出，掌心向前，指尖向上，成"八"字形；目视前方。（图3-214）

图 3-213　　　　　　　　　　图 3-214

要点解析：

此势以双逆缠而开，转双顺缠而推，其意是以我之左右手分开敌之左右手，使敌之手不能入内攻击我，而我以两手推击敌人之胸。其"势如手推山岳，欲令倾倒"。因而要求：顶劲要领好，腰劲要下好，裆劲要撑圆，脚底要用力踏实，膀力尽用到掌上。推时，力贵神速，周身一家向前拥。

内气随心意周身循行，当两肱、两股由外往内缠绕时，内气蓄聚于丹田，沿督脉上行腰脊。当催身前拥时，内气由腰脊一分为二，一股上行两肩，穿过骨缝，注于两掌；另一股下行两腿，出骨缝而贯注两脚。内气形成上下相合、相开之势，爆发点在腰脊。

拳歌曰："此身有力须合并，更得留心脊背间。"

第四十五式　三换掌

动作一：周身放松，腰向左转，左膝外旋，右膝内旋；同时，右手顺缠翻掌微前伸，指尖向前，掌心向上；左手顺缠屈肘收至左肩前；随即腰右旋，左膝内旋，右膝外旋；右手屈肘里收至胸前，掌心向左上，指尖斜向前；左手旋臂翻掌转逆缠，横掌向前推出；目视前方（此为第一次换掌）。（图3-215）

动作二：腰向右转，左膝继续内旋，右膝继续外旋，左手顺缠翻掌微前伸，指尖向前，掌心向上，右手顺缠屈肘收至右肩前；随即腰左旋，左膝外旋，右膝内旋；同时，左手屈肘里收至胸前，掌心向右上，指尖斜向前；右手旋臂翻掌转逆缠，横掌向前推出；目视前方（此为第二次换掌）。（图3-216）

动作三：腰向左转，左膝继续外旋，右膝继续内旋，右手顺缠掌微前伸，掌心向上，指尖向前，左手顺缠屈肘收至左肩前；随即腰右旋，左膝内旋，右膝外旋；同时，右手屈肘里收至胸前，掌心向左上，指尖斜向前；左手旋臂翻掌转逆缠，横掌向前推出；目视前方（此为第三次换掌）。（图3-217）

图　3-215

图　3-216

图　3-217

169

要点解析：

此势要点与第二十式"三换掌"基本相同，唯不同处，此势第一次换掌是左手推出，而不是右手推出。

"三换掌"换掌手法，是一种两肱胸前缠丝法，其特点：屈肘收回是顺缠；转臂翻掌，横掌前推是逆缠。

其余要意可参阅第二十式"三换掌"文字说明。

第四十六式　六封四闭

此势动作与第四式"六封四闭"的动作、要点相同，可互相参阅图解说明。（图3-218—图3-220）

图　3-218

图　3-219

图　3-220

第四十七式　单鞭

此势动作和要点均与第五式"单鞭"相同，唯方向不同。此势成势"面向西南"，为隅向，故称"斜单鞭"，可互相参阅图解说明。（图3-221—图3-224）

图　3-221

图　3-222

图　3-223

图　3-224

第四十八式　前招

动作一：腰向左转，左膝外旋，右膝内旋，重心向左移，右脚收至左脚内侧，前脚掌着地，两腿屈膝下蹲；同时，右勾手变掌，屈肘转臂，顺缠至右胸前，掌心向左上，指尖向右上；左手屈肘转臂逆缠至左胸前，掌心向左下，指尖向右上；目视右手前方。（图3-225）

动作二：身微下沉，腰微左转，重心移至左腿；随即右脚提起，向右前方上半步，脚跟先着地踏实；左脚跟步落于右脚旁，脚尖点地变虚步，右腿随之屈膝下蹲；同时，随转体右前臂逆缠，左前臂顺缠，两手沿顺时针弧线向右前方推按，左掌心斜向右前方，指尖斜向前下方，高与腹平；右掌心斜向右前下方，指尖斜向左，高与胸平；目视右手方向。（图3-226）

图　3-225 　　　　　　　　图　3-226

要点解析：

此势其要在于"上领下打"。"前招"一势上承"单鞭"势，胳膊已展开，故应敌以左手屈肘转臂"上领"为妙，然拳中自有"机势"；得机得势、旋腰上步挤按，自是"下打"。

陈鑫言："打拳全在用心，心机一动，欲令手上领转圈，手即如其意以传，此发令者在心，传令者在手，观色者在目。此心、手、眼三到之说，缺一不可。"

第四十九式　后招

动作一：腰向左转，重心微下沉，左膝外旋，右膝内旋，重心左移；同时，两臂松沉，随即以肘为轴，领两手沿逆时针弧线向右在胸前绕转一圈，双手上掤左肩前，手心皆向下，指尖皆向左下；目视左前方。（图 3-227）

动作二：腰微左转，随即右转，重心移于右腿，右脚踏实，左脚提起向左横开一步，重心左移，右脚跟步向左脚靠拢，前脚掌着地落于左脚前；同时，两手随转体翻掌转臂左逆、右顺缠向右划弧，两臂合住劲，沿逆时针弧线向左前方推按，右掌心斜向左前方，指尖斜向前下方，高与腹平；左掌心斜向前下方，指尖斜向右，高与胸平；目视左手方向。（图 3-228）

图　3-227 　　　　　　　　　图　3-228

要点解析：

"前招"以左手为主，右手为宾；"后招"则以右手为主，左手为宾。因而，须以全身精神注意右手。此为"眼顾右手以御敌也"。

此势为"小身法"。陈鑫说，转关时不必用大身法，即用小身法过角可也，"以灵动敏捷为尚"。

前些势在行气走架时，常常提到"气到、力到、劲到"。可知关键处何在？陈鑫言："关键处在百会穴下。自脑后大椎通至长强，其动处在任督二脉。"从大椎穴到长强穴，这是人的后脊背，正是督脉行气的路线，也是"小周天"

最难打通的后三关（尾闾、夹脊、玉枕）所在处。此处是中气上下流通之路。中气要通过脑后大椎穴两侧二股筋中间，下行脊骨之中，到二十一椎止。此处一通，则上下皆通全体之气脉皆通。从此，自然全身无有内气（中气）上下、左右、顺逆运行之虞。

第五十式　野马分鬃

动作一：腰微左转并下沉，两手随转体，左手逆缠转臂向上掤，掌心斜向下，指尖向右，屈肘置于左胸前；右手顺缠转臂自右向左划弧，屈肘上托，置于右腹前，掌心斜向里，指尖斜向左前，两手在身前上下抱球、合住劲；同时，身体缓缓向左转，重心左移，左脚踏实，右脚向前稍移，前脚掌着地成虚步，屈膝下蹲；目视右前方。（图3-229）

动作二：重心移至左腿，右脚提起向前上一大步，以脚跟内侧着地，重心随之前移，屈膝前弓，成马步；同时，右手顺缠随重心前移之势向右前穿伸前托，掌心向上，指尖向前，高与肩平；左手逆缠向左后撑展，掌心向左后，指尖向上，高与肩平，两手成前后开劲；目视右前方（此为第一个野马分鬃）。（图3-230、图3-231）

图　3-229

图　3-230　　　　　　　　图　3-231

动作三：重心微沉，以右脚跟为轴，脚尖外撇，身体向右约转180°，重心移至右脚，左脚提起向左侧落步，前脚掌着地，成虚步，屈膝下蹲；同时，右手逆缠向左划弧至胸前，掌心向下，指尖斜向左前，高与胸平；左手逆缠向右划弧至小腹前，掌心向上，指尖斜向右前，两手在身体上下抱球、合住劲；目视左前方。（图3-232）

图 3-232

动作四：重心移至右脚，左脚提起向前上一步，以脚跟内侧着地，重心随之前移，屈膝前弓，成马步；同时，左手顺缠随重心前移之势向左前穿伸前托，掌心向上，指尖向前，高与肩平；右手逆缠向右后撑展，掌心向右后，指尖向上，高与肩平，两手前后成开劲；目视左前方（此为第二个野马分鬃）。（图3-233、图3-234）

图 3-233 　　　　　　图 3-234

动作五：腰微左转，重心微前移，左腿前弓；同时，右手屈肘转臂向左前逆缠至胸前，身体随即右转，重心移于右腿，右手屈肘转臂翻掌变顺缠向右划弧，左手逆缠随右手同步向右划弧；两手至右肩前随腰左转旋肘翻掌向左膝前按出，掌心斜向下，指尖斜向左前；目视前方。（图3-235—图3-237）

图 3-235

图 3-236　　　　　　　　　图 3-237

要点解析：

此势是以铺身前进脱身之法。两手更迭至上，皆是向外拨敌，并且带引带击。左右手法如野间之马，形似其鬃两边分开，故名。用此身法，可出入众敌之中，使其不能近身，故称"万人敌"也。

练习此势时，要立身中正，支撑八面。势中所表现出的两手此顺彼逆，此逆彼顺，皆为大缠丝劲法。要求两膝屈住，裆劲要虚、要圆，以腰脊主宰前后运动。

内气随体转，由丹田沿任脉逆行上头顶百会穴，下贯长强穴，腰脊如一线穿成，体现劲由脊发之源。

同时内气随两肱缠丝循行如环。当右手顺缠向前穿托时，内气由腋下贯入掌心；而左手逆缠向后撑展时，内气则由肩贯入掌背。当左手转顺缠向前穿托时，内气由腋下贯入掌心；而右手转逆缠向后撑展时，内气则由肩贯入掌背。形成对开缠丝劲，意到、气到、掌到、劲自然也到。

第五十一式　六封四闭

此势动作与第二十九式"六封四闭"的动作相同，可参阅其图解说明。（图 3-238—图 3-240）

要点与第四式"六封四闭"相同，可参阅其文字说明。

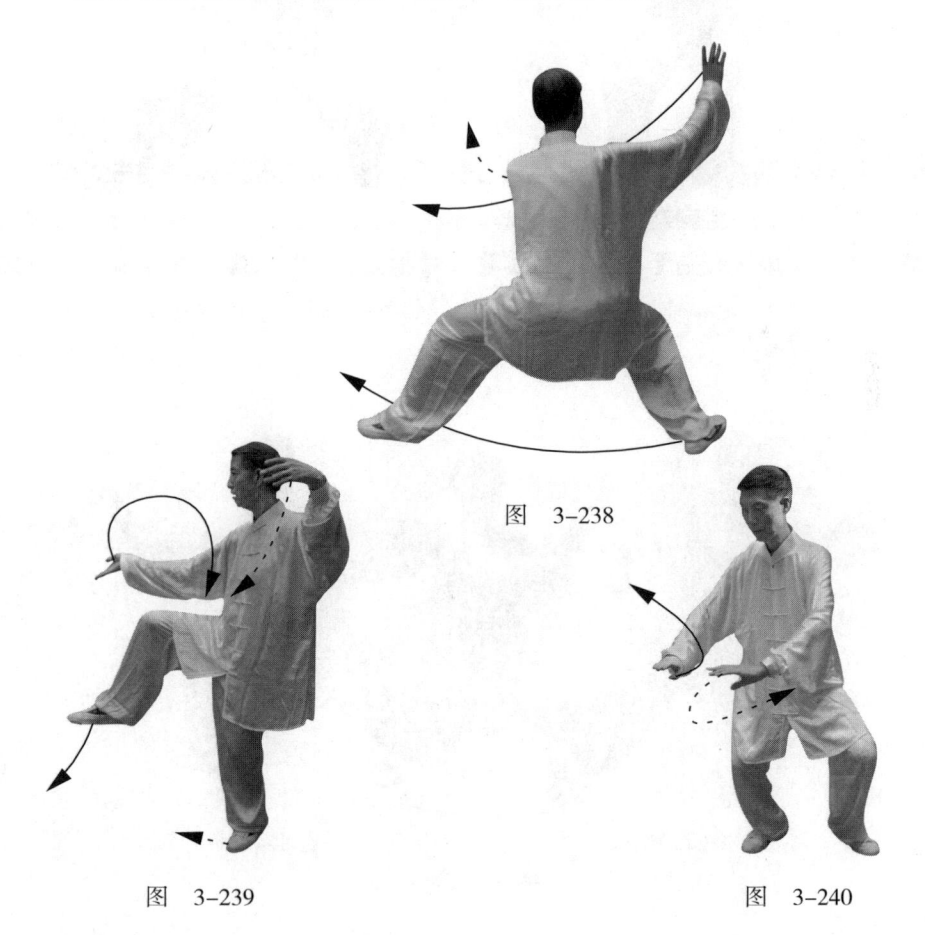

图　3-238

图　3-239　　　　　　　　　　　　　　图　3-240

177

第五十二式　单鞭

动作与要点皆与第五式"单鞭"相同。可参阅其文字说明。（图 3-241—图 3-244）

图　3-241

图　3-242

图　3-243

图　3-244

第五十三式　双震脚

动作一：腰向左转，重心左移，左腿向前弓；同时，右勾手随转体变掌顺缠沿逆时针弧线向左下绕转，经胸前上掤至左腋前，掌心向下，指尖向左下；目视左前方。（图 3-245）

动作二：身体重心微下沉，左脚以脚跟为轴，脚尖里扣，身体随之向后旋转 180°，右脚向后旋转并向里撤半步，以脚尖点地变虚步，重心移于左腿，屈膝后倚；同时，右手旋肘转臂顺缠自左向右上再向下划弧，经面前落于胸前，前臂前伸，掌心向下，指尖向前；左手逆缠划弧下落，交搭在右肘窝上，掌心向下，指尖斜向右；目视前方。（图 3-246）

图　3-245　　　　　　　　　图　3-246

动作三：内气下沉，重心略降，两手顺缠向左右划弧并旋肘转臂翻掌上托，掌心向上，指尖向前，右手在前，左手在后，两臂合住劲，重心移于左腿，左腿屈膝坐实，右腿前屈，成虚步；目视前方。（图 3-247）

动作四：腰微左转，两臂相合蓄劲，胸腹折叠，随着两手上托领劲，右腿屈膝上提，左脚随后蹬地跃起，两脚左先右后相继下落，屈膝蹬地震脚，相继发出两声沉闷的震脚声；同时，两手逆缠翻掌，随震脚向前下按，右臂前伸，掌心向前下，指尖向前，高与腹平；左手按于右肘左侧，掌心向右下，指尖向前；目视前方。（图 3-248、图 3-249）

图　3-247

图　3-248　　　　　　　　　　　　图　3-249

要点解析：
　　此势是上跃身法，左脚蹬地起跳时，要借两手上提引领劲；两脚下落震脚时，要周身松劲，气沉下落震踏，左先右后相继两声震响，故称"双震脚"，又称"双落脚"。
　　内气随两臂顺缠相开，逆缠相合，沿任督二脉环流不止。当周身放松下落时，内气由丹田出发，注入脊背，形成上下分行。上行内气贯注两手劳宫穴而形成下按劲，下行内气贯注两脚涌泉穴而形成震踏劲。

第五十四式　玉女穿梭

动作一：身微下沉，腰微左转再右转，右腿屈膝上提，重心完全移于左腿，成左独立势；同时，左手屈肘收至左胸前，掌心向前，指尖斜向上；右手逆缠至胸前，合于左前臂外侧，掌心向下，指尖向左；目视前方。（图3-250）

图　3-250

动作二：腰微左转，右手向里逆缠转顺缠向前推撑发劲，掌心向前，指尖向上；左手顺缠向左上方划弧，掌心向左后，指尖斜向上，两手成相开之劲；同时，右脚脚跟着力猛向右前蹬出；目视右前方。（图3-251）

图　3-251

动作三：右腿自然屈回，重心仍完全在左腿，成左独立势，随即腰微左转再右转；同时，左手向右前穿掌转顺缠划弧上抬置左肩上，掌心斜向上，指尖斜向左后；右手向左逆缠划弧与左臂在胸前交叉绕过，经面额转向右划弧至右肩前，前臂外旋，以右掌缘向右前斜切，掌心斜向上，指尖向前，高与肩平；目视右前方。（图 3-252、3-253）

图 3-252 　　　　　　　　图 3-253

动作四：重心前移，右脚向前落步蹬地跃起，左脚跟着向前凌空跨出，身体在空中向右后旋转 270°，左脚落地，右脚也随转体向右横行落步；同时，左手顺缠经右手下方向前穿出，随转体向左下展开，掌心斜向下，指尖向左前方；右手回收经胸前随转体向右上撑展，然后向右下展开，掌心斜向下，指尖斜向右前方；目视前方。（图 3-254—图 3-256）

图 3-254

图 3-255　　　　　　　　　图 3-256

要点解析：

此势是大转平纵身法，连进三步"如鸷鸟疾飞而进，莫能遏抑"。其诀要在于右脚落步，粘地即起，以启左脚跃步之势。三步连续赶进，一气呵成，机关全在第一步起好。

此势凌空向右转体270°，右半身即右手、右脚向右后转，用的是顺缠劲；而左半身即左手、左脚则用的是倒缠劲。前纵之本，全由心劲一提，顶劲领住，右手带转带进领劲往前，右脚后蹬。因而，此势以右手、右脚为主，左手、左脚佐之。所以丹田内气，偏行右半身。当右手、右脚向右顺缠劲转体时，丹田下行内气，由脚底过涌泉穴至足踵翻上，沿足太阳膀胱经逆行而上，经大腿、后背，达肩后侧，斜行进入腋，再随斜缠经上臂、肘、腕达指肚。未纵之前全是蓄劲，方纵之时，一往直前。手法、步法、身法、转法越快、越远、越好。

第五十五式　懒扎衣

动作一：重心右移，左脚提起向右脚横靠半步踏实，重心立即移于左腿，重心下降，左腿屈膝前弓，身体下蹲；随即右脚提回，脚尖点于左脚旁，以脚跟贴地向右铲出；同时，两手向内划弧随重心下降顺缠合于左膝上方，高与胸平，右手在下，掌心向左，指尖向前；左手在上，掌心向右，指尖斜向右；目视左前方。（图3-257、图3-258）

动作二：与第三式"懒扎衣"动作四相同，可对照参阅其文字说明。（图3-259、图3-260）

图　3-257　　　　　　　　　　图　3-258

图　3-259　　　　　　　　　　图　3-260

要点解析：

与第三式"懒扎衣"相同，可参阅其要点文字说明。

第五十六式　六封四闭

此势动作与要点皆与第四式"六封四闭"相同，可对照参阅其动作和要点的文字说明。（图 3-261—图 3-266）

图 3-261

图 3-262

图 3-263

图 3-264

图 3-265　　　　　　　　图 3-266

第五十七式　单鞭

此势动作与要点皆与第五式"单鞭"相同，可对照参阅其动作和要点的文字说明。（图 3-267—图 3-271）

图 3-267　　　　　　　　图 3-268

图 3-269

图 3-270　　　　　　　　图 3-271

第五十八式　运手

此势动作与要点皆与第三十一式"运手"相同，可对照参阅其动作与要点的文字说明。（图 3-272—图 3-276）

187

陈式太极拳内功心法

图 3-272

图 3-273

图 3-274

图 3-275

图 3-276

188

第五十九式　摆脚跌叉

动作一：腰向右转，重心移于右腿，右膝前弓下蹲，随即提起左脚向左前方斜上一步；同时，两手右顺、左逆缠向右上方划弧伸展，掌心皆向右，指尖皆向上，右手高与头平，左手高与胸平；目视左前方。（图 3-277）

图　3-277

动作二：腰向左转，左膝前弓略蹲，重心移于左腿；同时，两手随体左旋，左顺、右逆缠向左前方划弧绕转，左手置于左肩下侧，右手置于右肩上侧，掌心皆斜向左前方，指尖皆向上；目视左前方。（图 3-278）

图　3-278

动作三：左腿略蹬直，重心完全移于左腿，右脚提起随即向左上方踢起后转横运向右扇形摆脚；同时，两手左逆、右顺缠转左顺、右逆缠向左上方划弧，左先右后依次迎击右脚面外侧，相继两声迎拍声响，两掌心皆向左，置于两肩外侧，高与头平；目视前方。（图 3-279）

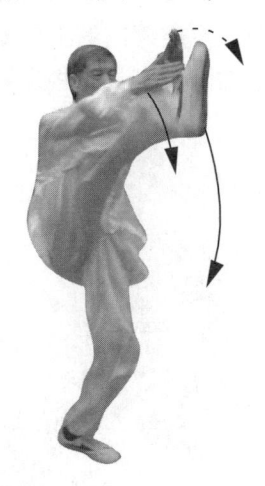

图 3-279

动作四：右腿摆莲后下落，重心下沉，右脚随重心下沉于左脚旁蹬地震脚，左脚跟随即提起，右腿屈膝下蹲；同时，两手握拳，左拳自左而下逆缠向右划弧，右拳自右上向左下顺缠划弧，在胸前两臂合劲交叉，左拳置于右前臂上；目视左前方。（图 3-280、图 3-281）

图 3-280 　　　　　　　图 3-281

第三章　陈式太极拳第一路

动作五：腰微右转，右腿屈膝全蹲，左脚脚尖翘起，以脚跟贴地向左前铲出，上身随之微左转，右膝里扣，落胯合裆，下沉跌叉，臀部、右膝里侧与左腿后侧一齐贴地；同时，右拳逆缠经面额向右上方划弧举起，拳心向头部方向，略高于头；左拳顺缠贴腹部向左下划弧再转臂随左脚铲出向前穿伸，拳心向右上方，置于左腿上侧；目视左前方。（图3-282、图3-283）

动作六：右脚蹬地向前起身左转，重心随之前移，左脚跟先着力，随即屈膝前弓，全脚掌踏实，右腿紧跟前蹬，成左弓步；同时，左拳顺缠随重心前移向前方伸展，拳心向里，高与胸平；右拳顺缠向右后划弧下落至右胯侧，随重心前移向上方钻伸，高与额平，拳心向里；目视左前方。（图3-284、图3-285）

图　3-282 　　　　　　　　　图　3-283

图　3-284 　　　　　　　　　图　3-285

要点解析：

"摆脚跌叉"，原为两势，"摆脚"是一势，"跌叉"又是一势。皆因都是在敌众我寡的境况下，采用的攻防拳势，先人前辈将其两势合为一势，更俱杀伤力。

就"摆脚"而言，是"以脚横向运摆而击人"。先人前辈称此为："一木能支广厦倾，先置死地而求生，任他四面来攻击，怎挡右腿一剑横。"

至于"跌叉"，也是"身入重险，难莫甚也"的境况下，"一脚蹬出以解其围"。先人前辈称此为："绝处逢生自不难，解围即在一蹬中。"

两势合为一势，是"天然照应"，此势具有前踢、横击、震脚、蹬敌连续攻击之势，真是履险若夷。可见先人造拳规矩之严、未有牵合之迹。故拳歌曰："右脚一摆已难猜，又为两翼落尘埃。不是肩肘能破敌，一足蹬倒凤凰台。"

"摆脚跌叉"一势，应须从两个层面上去领会其要点。

右腿摆脚时，须"以浩然之气横击"。击之必倒，让敌胆寒，以刚为要。而落地震脚则又必须松沉劲整。

跌叉时，是以"左脚前蹬为主"。并以左手前伸助之。臀部落地，但前后两脚撑点不能放松，可利用下沉着地时前后撑劲弹起。

第六十式　左右金鸡独立

动作一： 重心前移，身体微向左转，左腿缓缓直起，重心完全移于左腿，右脚随重心前移抬起上步落于左脚内侧，前脚掌着地，身体微下蹲；同时，左拳顺缠向左、向里划弧下落于腹前，拳心向右下方；右拳顺缠随重心前移，走下弧线穿过左臂内侧上举胸前，拳心向里；目视前方。（图3-286）

动作二： 腰微左转，左腿随即蹬直，右腿屈膝向上提顶；同时，两拳随右腿上提之时变掌，右手先顺缠后逆缠经面前向右上方穿掤外展，掌心斜向右上方，指尖斜向左上方；左手逆缠向左胯外侧撑按，掌心向下，

图　3-286

右膝随两手展开也顺缠外展；目视前方（此为左金鸡独立）。（图3-287、图3-288）

图 3-287

图 3-288

动作三：重心下沉，身体屈膝下沉，右脚落地震脚；同时，两手随重心下沉向下按于两胯外侧，掌心向下，指尖向前；目视前方。（图3-289）

图 3-289

动作四：腰微右转再向左转，两手随之向左上掤起，随即向右转体，左手逆缠、右手顺缠经胸前向右划弧绕转至右肋侧时；左腿下蹲，屈膝前弓，右脚向右后开一大步，向左前蹬展；同时，两手左顺、右逆缠向左前方挤按，掌心斜向左，指尖斜向右上，高与肩平；目视左前方。（图3-290、图3-291）

图 3-290 图 3-291

动作五：腰向右转，重心右移，左脚以前脚掌贴地拉撤至右脚旁，前脚掌虚着地，右腿屈膝下蹲；同时，随重心右移左手顺缠向里划弧并屈肘转臂上举至胸前，掌心向里，指尖向上；右手随体右转松落腹前，掌心向左，指尖向前；目视前方。（图3-292）

图 3-292

动作六：腰微右转，重心完全移于右腿，右腿随即蹬直，左腿随之屈膝向上提顶；同时，左手随左腿上提经面前向上穿掌至头顶，然后转臂向左上方顺缠掤展，掌心向左，指尖斜向前；右手逆缠弧形下落于右胯侧撑按，掌心向下，指尖向前；目视前方（此为右金鸡独立）。（图 3-293）

图 3-293

要点解析：

"金鸡独立"为偏运身法。当左金鸡独立时，右体主动，左体主静，其运动在右，因而，此势以右手、右膝为主。当右金鸡独立时，则是左体主动，右体主静，当然也就转为以左手、左膝为主。此是左右迭次、天地循环之理。陈鑫称此为"已出险而制胜"。即，左右手交替上擎，冲击敌下颌骨；左右膝交替提顶，击敌阴部。两处皆是人之要害处，不可轻用。

此势单脚独立，以膝上行击人，全在"以中气行于中间"作为身稳、劲整、迅速之保证。中气（内气）由丹田出发，沿任脉逆行上过头顶，转到脑后，沿督脉下行至长强。此为"气贴脊背"。

当一脚独立时，内气运行以腰为界，上下一齐并运，不可迭次。如右腿独立，左手、左膝内气由腰往上行；右手、右腿内气由腰往下行。如果是左腿独立，内气运行正相反。

第六十一式　倒卷肱

动作一：重心下沉，右腿屈膝下蹲，左脚松落至右脚旁，以前脚掌虚着地；同时，左手经面前逆缠而下，置于右肩前，掌心向右，指尖向上；右手顺缠里合前臂置于腹前，掌心向右，指尖斜向前；目视前方。（图3-294）

动作二、动作三：与第二十二式"倒卷肱"的动作一至动作四相同，可参阅其文字说明。（图3-295—图3-300）

图　3-294

图　3-295

图　3-296

图　3-297

图 3-298　　　　　　　　　　　　图 3-299

图 3-300

要点解析：

与"倒卷肱"要点相同，可参阅其文字说明。

第六十二式　退步压肘

此势动作与要点皆与第二十三式"退步压肘"相同，可参阅其文字说明。（图 3-301、图 3-302）

197

图 3-301 　　　　　　　　图 3-302

第六十三式　中盘

此势动作与要点皆与第二十四式"中盘"相同,可参阅其文字说明。(图 3-303—图 3-309)

图 3-303 　　　　　　　　图 3-304

第三章 陈式太极拳第一路

图 3-305

图 3-306

图 3-307

图 3-308

图 3-309

199

第六十四式　白鹤亮翅

此势动作与第七式"白鹤亮翅"动作二、动作三相同，要点也与第七式"白鹤亮翅"相同，可参阅其文字说明。（图3-310—图3-312）

图　3-310

图　3-311

图　3-312

第六十五式　斜行拗步

此势动作与要点皆与第八式"斜行拗步"相同，可参阅其文字说明。（图 3-313—图 3-317）

图　3-313

图　3-314

图　3-315

图　3-316

图 3-317

第六十六式 闪通背

动作一：身微下沉，腰向右转，右脚向后撤半步，右腿屈膝下蹲，左脚跟随向后撤半步，以前脚掌虚着地；同时，左勾手变掌，右掌变拳，随撤步双顺缠向里合拢，左手置于左胸前，屈臂前伸，掌心斜向右，指尖向前，高与肩平；右手屈肘置于右腹侧，拳眼向前；目视左前方。（图 3-318）

图 3-318

动作二： 腰微左转，重心移于右腿，以右脚跟为轴，身体向左后转，左脚随转体以脚掌贴地弧形向后撤一步，前脚掌虚着地，重心仍在右腿；同时，右肘顺缠，随转体向左横打；左手逆缠，经腹前向右合拢，迎击右前臂外侧，掌心向里。（图3-319、图3-320、图3-320附图）

图　3-319

图　3-320 　　　　　　　　　图　3-320附图

动作三：重心完全移于左腿，屈膝下蹲，右脚随即提起向右横开一小步，左脚向右以脚掌贴地横跟顿步；同时，两臂合住劲，随腰右转，右肘骤然向右吐发寸劲，左手以掌根紧贴右拳面衬以右肘发劲；目视右前方。（图3-321、图3-322、图3-322附图）

图　3-321

图　3-322 　　　　　　　　　　图　3-322附图

第三章 陈式太极拳第一路

动作四、动作五、动作六：与第二十七式"闪通背"的动作三、动作四、动作五相同，要点也与第二十七式"闪通背"基本相同，可参阅其文字说明。（图3-323—图3-326）

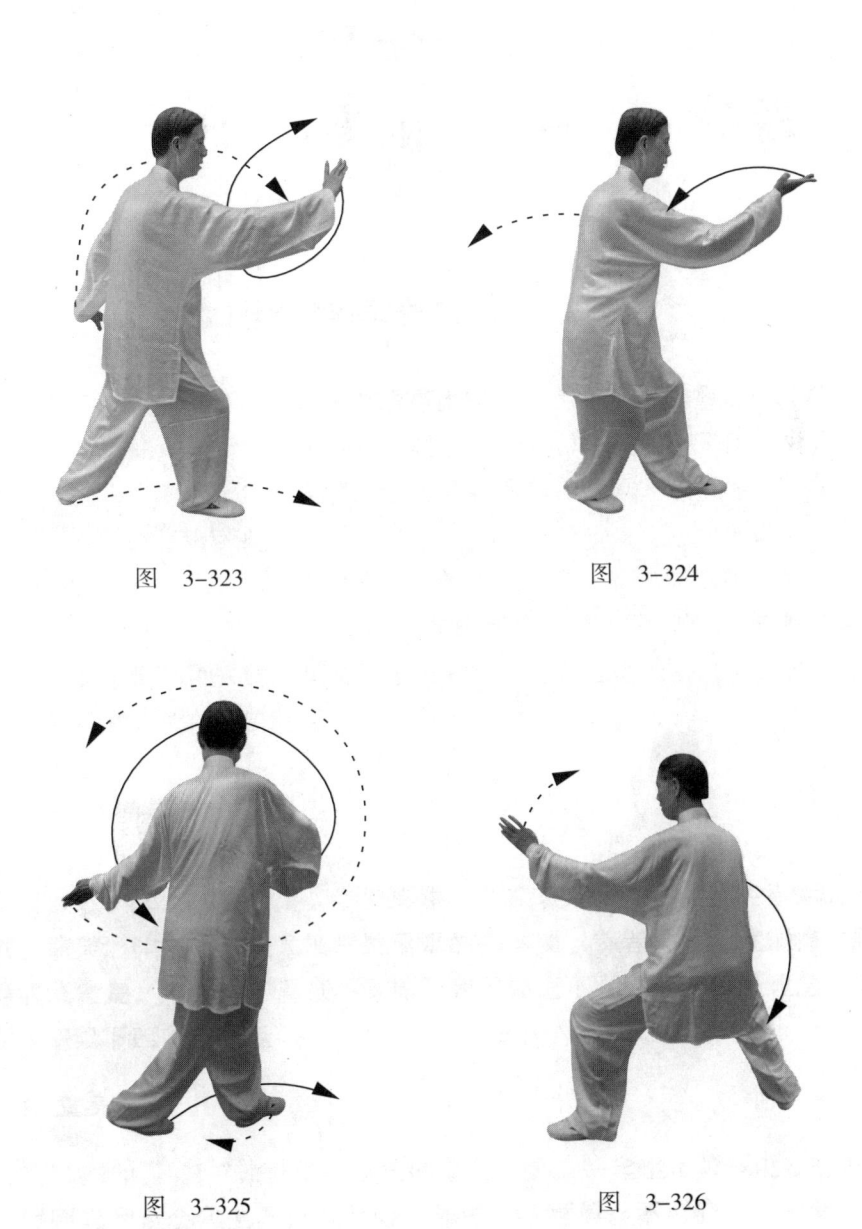

图 3-323

图 3-324

图 3-325

图 3-326

第六十七式　掩手肱捶

此势动作与要点皆与第二十八式"掩手肱捶"相同，但其动作与要点解析的文字说明，须参阅第十四式"掩手肱捶"的文字说明。（图 3-327—图 3-332）

图　3-327

图　3-328

图　3-329

图　3-330

第三章　陈式太极拳第一路

图　3-331 　　　　　　　　　图　3-332

第六十八式　六封四闭

此势动作与第二十九式"六封四闭"相同，要点与第四式"六封四闭"相同，可参阅其文字说明。（图3-333—图3-335）

图　3-333 　　　　　　　　　图　3-334

图 3-335

第六十九式　单鞭

此势动作与要点皆与第五式"单鞭"相同，可参阅其文字说明。（图 3-336—图 3-339）

图 3-336　　　　　图 3-337

图　3-338　　　　　　　　　图　3-339

第七十式　运手

此势动作与要点皆与第三十一式"运手"相同，可参阅其文字说明。（图 3-340—图 3-345）

图　3-340　　　　　　　　　图　3-341

图　3-342 　　　　　　　　　　图　3-343

图　3-344 　　　　　　　　　　图　3-345

第七十一式　高探马

此势动作与要点皆与第三十二式"高探马"相同，可参阅其文字说明。（图 3-346—图 3-349）

图　3-346

图　3-347

图　3-348

图　3-349

第七十二式　十字摆莲

动作一：腰微左转，重心左移，左脚仍虚，右脚实；同时，右手顺缠转臂将至腹前，随即逆缠旋臂翻腕向右前掤挤，掌心向外，指尖向左，高与肩平；左手在腹部逆缠一小圈，掌心向内，随右手前掤至右胸前，两手背相贴，形成合劲，身微右转，重心仍在右脚；目视右前方。（图3-350）

图　3-350

动作二：腰向右转，以右脚跟为轴，前脚掌外撇，左脚前掌点地；同时，两手左顺、右逆缠交叉转臂一圈，又交叉合于胸前，左手在里；身体继续右转，重心完全移于右腿，左脚随即提起向左前斜开一步，右腿屈膝下蹲；两手逆缠相开，右手向右上撑展，左手向左下捋按，掌心皆向外；目视左前方。（图3-351—图3-353）

图　3-351

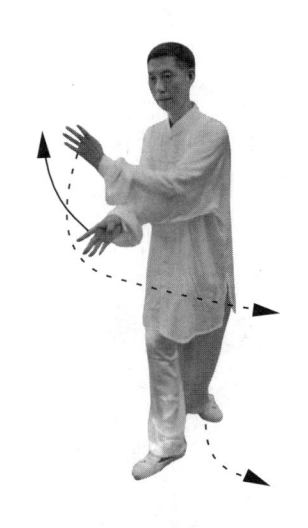

图 3-352　　　　　　　　　　　　图 3-353

动作三：腰向左转，重心移于左腿，屈膝前弓；同时，左手顺缠向下至左膝侧，旋腕转臂变逆缠至右胸侧，掌心斜向外，指尖斜向上；右手顺缠，转臂向右上划弧至右胸前，屈臂竖起前臂，掌心向外，合于左臂外侧，两臂相搭成十字状；目视左前方。（图 3-354）

图　3-354

213

动作四：右腿提起，左腿随即蹬直，腰向左旋，右腿自左向右扇形踢摆；同时，左掌自右向左迎拍右脚面外侧；目视前方。（图3-355）

动作五：右腿踢摆同时，左腿以左脚跟为轴，身体向右后转180°；同时，两掌变拳，右拳顺缠自右向下、左拳逆缠自左而上划弧翻转；重心随之下沉，右脚在左脚右前方落地震脚；右拳随震脚向下沉，砸落至右胯前，左拳上举，高与耳平；目视右拳。（图3-356、图3-357、图3-357附图）

图 3-355

图 3-356

图 3-357

图 3-357附图

要点解析：

此势以两手相搭成十字状，并以左手迎拍右脚外侧，故名十字摆莲。

"十字摆莲"一势，摆脚后身体向右翻转落地震脚打法有两种：一种是本势所介绍的方式；另一种是跳跃震脚方式，即当转身时，借右臂上领劲使身体跃起，转体落地震脚，同时右拳向右砸落。此势难度较大，适合年轻人习练。

此势肢体缠绕动作比较多，在心意引领下，内气由丹田出发，循督脉逆行而上，过头顶，向两肩宣发，再经任脉下降归于丹田。当左右缠丝伸展胳膊向外去时，内气沿肩缠到指头；胳膊往里收束时，内气沿指肚缠到腋。此为内气形于肌肤谓之缠丝劲，行于骨缝中谓之中气。

第七十三式　指裆捶

动作一： 腰向右转，重心下降，右腿顺缠屈膝前弓，重心移于右腿，左脚前脚掌虚点地；同时，两拳逆缠向下划弧，随体右转向右上划弧掤起，右拳略高于肩，左拳置于右胸前，拳心斜相对；目视前方。（图3-358、图3-358附图）

图　3-358 　　　　　　　　　　图　3-358附图

动作二： 腰微右转随即左转，右脚蹬地直起，左脚提起向左前斜方开一步，重心下降，右腿屈膝前弓下蹲，重心偏于右腿，成右偏马步；同时，随体右转左臂内旋，右臂外旋，右拳继续向右上方划弧绕转，左拳顺缠向左前翻转划弧在左胸前下落，屈臂前伸，随即变八字掌，掌心向上；右拳逆缠向上、向

左划弧屈臂落于胸前，拳心向里，两手合住劲；目视左手方向。（图3-359、图3-359附图）

动作三：腰向左拧转，左腿屈膝前弓下蹲，右腿向左屈膝蹬展，重心移于左腿；同时，随体左转左臂屈肘回挂，左掌变松握拳收回左腹前，拳心贴腹；右拳转臂逆缠向右前下方发劲击出，拳心向下，上体略前倾；目视右拳。（图3-360、图3-360附图）

图 3-359 　　　　　　　　　　图 3-359 附图

图 3-360 　　　　　　　　　　图 3-360 附图

要点解析：

此势"周身精神，皆是合劲"。须两臂于胸前合住劲，落胯圆裆，气贴脊背。当右拳向前击裆时要与左肘回挂形成对开劲，同时注意腰向左移、弓左腿、蹬右腿要与挂左肘、击右拳同时进行。

因此势周身皆是合劲，"远则不及，近身方用之"。所以周身之劲俱聚于捶，击敌之裆。拳谚曰："人身痛处虽不少，尤痛常存裆口中。"如果众敌环攻难出群，转身直取要害处，可解其围。

第七十四式　白猿献果

动作一：腰向左转，重心移于左腿，右拳逆缠向左划弧收于腹前，左拳轻贴腹部逆缠一小圈，两手合住劲；随即腰向右转，重心右移，右腿顺缠屈膝，左腿逆缠伸蹬，成马步下蹲；同时，两拳变掌，掌背相对逆缠划弧向右、向上掤挤，高与肩平；目视右方。（图 3-361）

动作二：腰微右转再向左转，重心稍右移再向左移，左脚以脚跟为轴向左撇，右腿随之顺缠屈膝前弓，上体向左旋转 90°，右腿随转体伸蹬；同时，两掌变拳，右拳转臂顺缠随转体自右而下收于右腰侧，拳心向上；左拳转臂逆缠一个圈，向左前屈臂前伸，拳心向上，高与胸平；目视左前方。（图 3-362）

图　3-361　　　　　　　　　　图　3-362

动作三： 左脚蹬地前冲，重心完全移于左腿，右腿屈膝上提，高与腹平，脚面绷平，脚尖向下；同时，右拳随右腿提起旋转上冲，高与颔平，拳心向里；左拳顺缠屈臂拉撤至腰左侧，拳心向上；目视右拳。（图3-363）

图 3-363

要点解析：

此势与"左金鸡独立"有异曲同功之妙。两势"上打颔骨，下打阴"皆用擎手与提膝。唯不同处，前势上打用掌，此势上打用拳。用拳则劲力更强，故有"右手擎天，直欲天破"之称谓。

此势左脚稳，右拳、右膝劲力强，关键在于"中气行于中间"。当两臂左逆、右顺缠螺旋上升时，内气由督脉上行于肩，形于拳；下行于腿，形于膝与脚。左脚五趾抓地形成了上下开劲。

第七十五式　六封四闭

动作一： 腰向左转，右腿左摆；同时，两拳变掌顺缠分向两侧划弧向上绕转，屈肘上托分置于两肩外侧，掌心斜向上；目视右前方。（图3-364）

动作二： 腰向右转，右脚向右前迈一步踏实，屈膝下蹲，重心移于右脚；左脚向右并步，以前脚掌着地落于右脚旁；同时，两手继续顺缠翻掌合劲向右下按，掌心向下，两掌成"八"字形；目视右前方。（图3-365）

图　3-364 　　　　　　　　　　　图　3-365

要点解析：

参阅第四式"六封四闭"要点的文字说明。

第七十六式　单鞭

此势动作与要点皆与第五式"单鞭"相同，可参照其文字说明。（图3-366—图3-372）

图　3-366 　　　　　　　　　　　图　3-367

图 3-368

图 3-369

图 3-370

图 3-371

图 3-372

220

第七十七式　雀地龙

动作一：腰向右转，右腿屈膝前弓下蹲，重心移于右腿，左腿向右蹬展，重心下降，成仆步；同时，随体右转两掌变拳，右拳逆缠转臂上举，置于头右上侧，拳心向右；左拳顺缠转逆缠自左向右划弧至头右上侧与右拳相搭，拳心向右；目视左下方。（图3-373、图3-374）

图　3-373　　　　　　　　图　3-374

动作二：腰微右转再左转，左腿下沉铺腿，右腿继续下蹲；同时，左拳逆缠自右向左而下，沿左腿内侧前伸至左膝上侧，拳心向上；右拳逆缠向右上举，置于头右侧上方，拳心斜向左；目视左下方。（图3-375）

图　3-375

动作三：身体左转，左脚尖外撇，重心渐向左移，左腿屈膝前弓，右腿向左蹬伸，成左弓步；同时，左拳向前顺缠拧转前伸，拳眼斜向前；右拳顺缠与左拳一起拧转，落于右胯前，拳眼斜向前，两手如拧握长枪；目视前方。（图3-376）

图 3-376

要点解析：

此势又名"铺地锦"，原是"上步七星"的前半势。其要点与跌叉相同，唯不同处是"不跌叉"，但仆步要尽量下势。应做到转身、仆腿、两臂拧转要衔接的连贯、紧凑。

第七十八式 上步七星

动作一：身体左转，重心向左、向前移，左脚尖外撇，左腿屈膝前弓，重心完全移于左腿，随即蹬地起身，右脚提起向前上步，随着身体重心前移，右腿前弓，左腿蹬伸；同时，右拳逆缠自右而下随脚上步向前划弧，经左前臂下方钻伸向前冲击，拳心向左，拳眼向上；左拳逆缠里合回收，腕部交搭在右肘窝上，拳心向里；目视前方。（图3-377）

动作二：重心后移，右拳随重心后移

图 3-377

拉回，两拳腕部交叉相贴，两拳心皆向里，随即以腕部贴处为轴，向下、向里、向前翻转前掤；同时，重心前移，右拳在前，两拳心皆向里；目视前方。（图3-378、图3-379）

动作三：重心后移，右脚尖微翘起，腰胯后倚；同时，两拳略后收，随即两前臂内旋，两拳以腕部交叉点为轴向里、向下、向前翻转变掌向前掤挤，右掌在前，掌心皆向前，两臂撑圆；目视前方。（图3-380）

图 3-378 　　　　　　　　图 3-379

图 3-380

要点解析：

何谓"上步七星"？此势两手相抱体前，两手、脚形像七星，拳家称此谓"七星势"，故名。

有解：此势定势突出人体七个主要部位，即头、肩、肘、手、胯、膝、脚，称此为"七星"。此七种身体部位具有明显的对应状态，正如拳歌云："此身一动悉颠连，无心成化如珠圆。遭着何处何处击，妙手无处不浑然。任他四周皆是敌，脚踢拳打下乘拳。"

此势还具有一种防御功能，两手翻转，是为解脱两手被擒拿的一种转法。

第七十九式　退步跨虎

动作一：身体略下蹲，重心后移，腰微左转；同时，两掌在胸前仍以腕部交叉点为轴，向左旋转一小圈；右脚随即向后撤一大步，左脚尖随之内扣，身体向右转90°，两腿屈膝，成马步（面东转面南）；两手随转体向左右划弧分开，置于两膝外侧，掌心皆向下；目视前方。（图3-381、图3-382）

图　3-381 　　　　　　　　图　3-382

动作二：腰微右转，重心移向右腿，左脚提起向右横移半步，前脚掌虚着地点于右脚前，两腿屈膝，身微下蹲后倚；同时，右手逆缠自右而上划弧上提，侧立于右肩前，手心向左，指尖向上；左手顺缠自左而上划弧立于腹前，手心向右，指尖向前，两肘里合，两手上下合住劲；目视前方。（图3-383）

图　3-383

要点解析：

此势两脚要宽分，如窄必成人字裆，同时腰劲、裆劲要下去。腰劲下不去，则内气不能归丹田，而胸中横气饱满，失于轻浮，脚底不稳，以致身不自主；裆劲下不去，而臀部泛不起来，前裆则合不住，上体亦扣合不住，形成脚底无力。

拳家认为，会开裆者，裆中上体气积于卵上边，即向下一降，俗称"千斤坠"。随即卵两边大股根撑开，臀部泛起，小腹前合，裆则自开。不善开裆者，裆如人字，上窄下宽，不虚不圆，就是两腿分的再宽，也不谓开。

第八十式　转身双摆莲

动作一：上体微向左转，两手左顺、右逆缠向左划弧缠绕至左肩前，掌心斜向右，指尖斜向左；随即以右脚跟为轴，身体向右后转180°，重心移于右腿；同时，两手旋肘转腕左手变逆缠、右手变顺缠随转体向右后划弧缠绕180°，高与肩平，指尖向左，掌心皆向外；目视左前方。（图 3-384、图 3-385）

动作二：重心完全移于右腿，身体继续向右后方转180°，随转体左脚提起，屈膝向左抡摆，自然收于右腿前方，脚面不勾不绷，松垂向下，成右独立

势；同时，两手随转体也向右后方平移绕转180°，两臂圆撑，掌心仍向外，指尖仍向左；目视左前方。（图3-386）

图 3-384

图 3-385

图 3-386

第三章　陈式太极拳第一路

动作三： 重心下沉，左脚向左前铲出，右腿屈膝下蹲，随即旋腰重心向左移，左腿屈膝前弓，右腿向前蹬伸（面向东南）；同时，两手随体左转，左逆右顺缠向右划弧至右肩外侧，然后屈肘转臂变左顺、右逆缠自右而左划弧，左手置于左胸前，右手置于右肩前，掌心皆向外，指尖斜向右；目视前方。（图3-387、图3-388）

图　3-387 　　　　　　　　　图　3-388

动作四： 腰向左转，重心完全移于左腿，随即左腿向上蹬伸，右脚提起向左前上方踢起后转向右上方扇形摆腿；同时，两手左逆、右顺缠自右向左，左先右后依次迎击右脚面外侧，连续发出两声拍击声响，掌心皆向左，指尖皆向前；目视两手前方。（图3-389）

要点解析：

此势与"摆脚跌叉"一势的"摆脚"部分动作与要点相同，唯不同处，此势须转体360°。

转体稳定是此势关键处，其诀窍在于左右腿的缠丝劲，而使身体保持平衡。右腿独

图　3-389

227

立，转体时用的是倒缠劲，内劲由脚趾上行，缠到腿根，归于裆中；而左腿用的是顺缠劲，内劲由脚趾缠到腿根，归入丹田，再下入裆中。

中气由丹田逆行，沿任脉过顶，充于腰脊，顶劲上领，上下一线，立身中正，不偏不倚。上领时要注意内劲流注后顶，不可提过，亦不可不及，提过则上悬，不及则气留胸中，顶部虚灵则身体转动自如。

第八十一式　当头炮

动作一：右腿摆后，右脚向右后方落步，腰随之向右转，重心螺旋快速下沉，两腿屈膝下蹲；同时，两掌变拳，左顺、右逆缠自左向右转臂松落腹前，两拳心相对；目视前方。（图3-390）。

动作二：腰微右转，重心后移，右腿屈膝下蹲，右脚踏实，左腿微屈变虚；两拳继续向右下松落，陡然腰向左上折叠拧旋，重心随之前移，左腿屈膝前弓，右腿向前蹬伸，成左弓步；同时，两拳随转体顺缠自下向里而前发抖劲，两臂掤圆，左拳稍在前，拳心向里，高与肩平；右拳稍在后，拳心向左，稍低左拳；目视前方。（图3-391）。

图　3-390 　　　　　　　图　3-391

要点解析：

此势当面以捶击人，故名。又名"护心捶"，顾名思义，以护心为主，心不动摇，则上下四旁皆顾而无失。

此势所发之劲，运用的是"抖劲"。两拳自上而下，再从下向上、向右旋转一圈，缠丝劲即寓于两肱运行之中；向前发抖劲，其关键处，裆劲要开圆合住，两脚踏实，顶劲领住，两肩、两膝、两踝皆由外往里扣，周身合力聚于捶。

第八十二式　金刚捣碓

动作一：腰微左转随即右转，重心向右后移，右腿顺缠屈膝下蹲，右脚踏实；左腿逆缠，向里扣膝蹬伸，左脚虚着地；同时，两拳变掌，左手逆缠、右手顺缠向右后伸展，掌心皆向右，右手置于头右侧，左手置于左胸前；目视左前方。（图3-392）

动作二：腰微右转下沉，两手仍左逆、右顺缠继续向右后下沉；随即腰向左转，左腿外旋前弓，脚尖随之外撇，右腿里旋向前蹬伸，重心前移；同时，两手坐腕转臂，左手随转体沿下弧向左前伸挤，掌心向下，指尖向右；右手向右后撑展，掌心向后，指尖向右；目视左前方。（图3-393）

图　3-392 　　　　　　　　图　3-393

动作三：重心完全移于左腿，右脚顺势向前上步，前脚掌虚着地，两膝微屈下蹲；同时，右手随右脚上步前撩，掌心向前，指尖向下；左手随之向里按落至右臂上，掌心向里，指尖向右，两手形成合劲；目视前方。（图3-394）

229

图　3-394

动作四：重心下沉，左脚踏实蹬地起身，右腿随势屈膝向上提起；同时，右手由掌变拳，顺缠屈肘上抬至胸前，拳心向里；左手逆缠向下落于腹前，掌心向上，指尖向右，右拳左掌上下相对；随即周身放松，重心下沉，右脚松落踏地，两腿微屈，两脚与肩同宽；右拳随右脚下落沉落于左掌心上，右拳左掌叠合于腹前；目视前方。（图 3-395、图 3-396）

图　3-395 　　　　　　　　　　图　3-396

要点解析：

此势要点与第二式"金刚捣碓"要点相同，唯不同处，本势最后一个动作要表现出整套拳的结束。前几势"金刚捣碓"右脚落地震脚，要发出金石之声，而此势须轻松放下，体内鼓荡之气要缓缓归入丹田，全身要有一种松快之感。

第八十三式　收势

动作一： 重心缓缓上移，身体缓缓起立，两膝微屈；同时，右拳随体变掌，两手顺缠向两侧分开，屈肘转臂向外、向上、向里划弧，置于头的两侧，掌心向内，指尖向上；目视前方。（图3-397）

图　3-397

动作二： 重心转向缓缓下沉，两手随即屈肘转臂逆缠向里经面前向下划弧，随体下沉松落于左右胯两侧；同时，重心移于右腿，左脚提起收于右脚旁，身体缓缓直立；两手自然下垂，掌心皆向里，指尖皆向下，恢复无极势，内气沉入丹田，两目微闭，收视返听，默站1分钟。此为"归根复命，团阴阳为一，而还于天"。（图3-398、图3-399）

图　3-398　　　　　　　　　　　图　3-399

要点解析：

此势最后收势面向南方，如果第一路与第二路连续练习时，在打到第八十式"转身双摆莲"转体时，只转180°，不要转360°，再接练第二路。收势时，方向即可复原为面向南。

第四章　陈式太极拳精练拳四十六式
——传统参赛套路·北京架

一、陈式太极拳精练拳四十六式简介

近些年来，国内国际太极拳邀请赛比较多，为广大太极拳练习者提供了一个展示自己的机会。但"竞赛规程"规定太极拳"传统套路"比赛时间为4~6分钟。为适应国内国际武术赛事，传统拳套动作就必须进行压缩。编撰"精练拳四十六式"也就势在必行了。

"精练拳四十六式"以"一路"拳势为主，进一步加强以缠丝劲为特点的柔势外，还增加了"二路"中纵跃动作的刚势。整个拳套突出体现"拳架规矩""拳走低架"和"拳势型美"等三个特点。为达此目标，要求学者必须从三个特点入手，严格加强训练。

（一）拳架规矩

太极拳"拳架规矩"是指拳架形体的外在表现，具有技术性指标的含义。同时，拳架形体锻炼也是太极拳最重要的基本功。练者一开始就须将"规矩"搞得清清楚楚，不可有"重意不重形"和"要意不要形"的错误观念。练者，首要弄清以下四项"规矩"。

1. 立身中正

"立身中正"和"神贯顶"是太极拳之诀要，一丝也不可马虎。行拳走架时，尾闾穴和百会穴上下必须保持一条线，不可偏，不可倚，不可领，不可欠。进退、仰俯能守于中，起于中，不犯抽扯之病，一进必至。这样，才能保持重心，而无姿势偏侧和过而不及之病。如果行拳走架低头凸臀，腰部不直，就是"猫腰"之病，犯"猫腰"之病，就会虚实不分，呼吸不畅，上下不能一气贯通。

2. 方位准确

方位就是方向角度。太极拳有"支撑八面"之说，也就是八个方向，即四正向、四斜角。练拳必须按照各势规定的方向运行，不可任意偏转。如"金刚捣碓"一式，为正向，"斜行拗步"一式为斜角（45°）等。拳中扣脚、转腰、迈步、落脚、举臂、出手应各司其职，各司其位，其方向、角度不可随意，应严格以"八卦"定位，即：乾、坤、坎、离四正向，巽、震、兑、艮四斜角。和式太极拳，他们将身体的运行状态要用"尺寸"来衡量，手脚的起、行、止规矩端正，故称"尺寸架"。这也正是"精练拳四十六式"所要求。

3. 重心明白

练太极拳不可越出一个"中"字，若能悟透这个"中"字，便掌握了自己的"重心"。重心移动多少是以人体"中心"为界的。拳架重心是偏左还是偏右，是三七开还是四六开，都在"中"字这个"尺度中"。明白此理，即明白了重心的转换。"精练拳四十六式"即以此理为据。

4. 分清虚实

"虚"和"实"亦称"阴"和"阳"，是太极拳理论的重要概念。所谓"实"，是指运动的主要用力部位；所谓"虚"，是指从属运动部位。虚实概念，即是人体总负荷的重心偏差所致。

太极拳不能运化者，即虚实不分。迈步如果不能分虚实，则重滞，自立不稳。拳谚曰："两腿弯曲分虚实，太极要义在里边。"可见"虚实"乃是太极之本源。拳经云："太极拳一举手，一投足都离不开阴阳虚实。"因而，"精练拳四十六式"，要求所有动作必须分清虚实。

要求学者在学拳时，首先将步法虚实、手法虚实、身法虚实要弄清楚；然后将虚实渗透到每个拳势中去，"步随身换"，及时调整重心，转换顺遂而又能保持人体平衡；进而达到行拳走架能"虚实兼到、忽现忽藏"微妙变换之要求。陈鑫说："开合虚实，即为拳经。"

（二）拳走低架

拳架是太极拳全部功夫的基础。太极拳有高架、中架、低架之分。学习"精练拳四十六式"，要求拳走低架。"低架"称为"活桩"，其好处正如拳论所云："培其根则枝叶自茂，润其源则流脉自长。"

所谓"根"，即指下盘。"下盘稳固，上肢自然轻灵"。具体而言，"下盘"指的是"腿"，腿的支撑力、耐力增强了，自然裆劲圆活、沉稳，维持动态平衡好，可避免上实下虚，被人所制。

所谓"源"，即指本源。具体而言，"本源"指的是元气，又称先天之气，源于肾通于丹田。拳走低架，尤其是裆走下弧，能增强小腹、腰、裆部位的运动，可大大促进人体气血循环，使肾藏元阴元阳得以温、得以养，自然而然血脉流畅，故生机旺盛，反过来可益助肾气，充盈丹田，周而复始，从而"根本固而枝叶荣"。

低架要注意掌握度。马步，裆低不能过膝；除仆步外，大小腿弯处夹角不能小于90°。过者则称病，为"荡裆"；弓步膝尖不能超过脚尖，过者也为病，为"跪膝"。

（三）拳势型美

太极拳是一种性命双修、身心兼练的拳术，练拳者应表现出一个人的风度、气质、情操和好的景致来，才是上乘功夫。马虹先生主张："以美学基本知识来指导太极拳的造型及其韵律。"其实先人造拳以弧和圆的线条编织的拳势，连绵不断，如行云流水，就充分体现出无比优美的姿态。这说明太极拳从拳理上就要求体现"型美"，其观赏性，与太极拳的"养生健体"和"防身技击"功能同等重要。

"精练拳四十六式"其拳势造型美，总结为"十六字诀"，即："低架舒展，轻灵圆活，腰腹螺旋，神韵内涵。"其关键词是"舒展、圆活、螺旋、神韵"。这八个字皆是太极拳固有的特征，但做起来并非易事。太极拳造型美，必须体现在"动作螺旋，充满了对称和谐之形，波浪节奏之姿，轻沉兼备之态，气势磅礴之势，外示安逸之神，给人以潇洒而浑厚，轻灵而凝重，舒展而紧凑，庄重而活泼，情景交融的意境之美感（马虹语）"。太极拳虽曰武术，但细心揣摩，就会感悟，文在其中、理在其中、情在其中、景在其中、美也在其中。

所谓"舒展"，即是动作舒展、举止大方、气势雄厚、招势到位，势势贯以"起、承、开、合"，而不浮滑潦草。

所谓"圆活"，即是解"拘束"之方法，又是使身体"轻灵"之要诀。

所谓"螺旋"，即是内含阴阳转换之机，又是太极"本源"。拳歌曰："手中日日画太极，此道人人皆不识，果能识得拳中趣，无非一圈一太极。"

所谓"神韵"，即是形美与神美的统一、外美与内美的统一。神是形的命脉，没有神的形犹如"画龙无睛"。神韵实际上是"形神合一""情景交融"。故陈鑫说："一片神行之谓景。其开合收放，委婉曲折，种种如画，是之谓景。景不离情，犹情之不离乎理，相连故也。"

实践是检验理论的标准。"精练拳四十六式"要求"拳架规矩""拳走低架""拳势型美"，对学者来说是一个高标准，达到这一标准难度是比较大。但经过弟子、学员刻苦训练，和参加国内、国际武术重大比赛的实践证明，不仅拳架、功夫有了明显提高，而且多次参加国际国内武术、太极拳重大比赛，都取得了突出的成绩。如：2007年、2008年本站先后派选手参加了"香港首届国际太极拳邀请赛""第7届北京国际武术邀请赛""第11届邯郸国际太极拳邀请赛""北京市'浙商标'武术太极拳比赛"和"北京市'和中杯'太极拳、剑、推手比赛"等，共荣获名次奖项40项。

据《北京晚报》载："香港首届国际太极拳邀请赛，有20个国家和地区的一百多个代表队共1400名太极高手参加较量，由北京武协常务副主席吴彬九段率领的北京队技高一筹，获得15个第一名、17个第二名、2个第三名，获奖名次和数量列各队之首，彰显了首都传统武术的实力和风采。"这次比赛本站派出了3名选手，共荣获了3枚金牌、1枚银牌，是北京队荣获奖牌最多的辅导站。

"精练拳四十六式"套路不仅是参赛套路，同时也完全适合普通健身者和太极拳爱好者学习、演练。

二、拳势名称顺序

第一式　预备势　　　　　　　第二式　金刚捣碓
第三式　懒扎衣　　　　　　　第四式　六封四闭

第五式　单鞭	第六式　白鹤亮翅
第七式　斜行拗步	第八式　提收
第九式　前蹚拗步	第十式　掩手肱捶
第十一式　披身捶	第十二式　背折靠
第十三式　斩手	第十四式　翻花舞袖
第十五式　掩手肱捶	第十六式　双推手
第十七式　倒卷肱	第十八式　退步压肘
第十九式　中盘	第二十式　闪通背
第二十一式　掩手肱捶	第二十二式　运手
第二十三式　高探马	第二十四式　右擦脚
第二十五式　左擦脚	第二十六式　左蹬一根
第二十七式　前蹚拗步	第二十八式　击地捶
第二十九式　翻身二起脚	第三十式　兽头势
第三十一式　旋风脚	第三十二式　右蹬一根
第三十三式　掩手肱捶	第三十四式　小擒打
第三十五式　抱头推山	第三十六式　前招
第三十七式　后招	第三十八式　双震脚
第三十九式　玉女穿梭	第四十式　拗鸾肘
第四十一式　顺鸾肘	第四十二式　穿心肘
第四十三式　摆脚跌叉	第四十四式　金鸡独立
第四十五式　金刚捣碓	第四十六式　收势

三、拳势动作图解

第一式　预备势

动作一：上场打拳，身桩端正，两脚并立，两手下垂，两目平视，舌抵上腭，胸廓微含，虚领顶劲，气沉丹田。（图 4-1）

动作二：松胯开裆，两膝微屈，提起左脚向左跨出一小步，两脚与肩同宽，静桩站立。（图 4-2）

图 4-1 　　　　　　　　　图 4-2

要点解析：

预备势，手脚虽未运动，"而端然恭正之中"，其阴阳开合之机，消息盈虚之数已俱寓于心腹之内。此时，去其妄念，平心静气，以待其动。

第二式　金刚捣碓

动作一： 身微下蹲，两肘微屈，开裆松胯，身体微向左转；同时，两手捋带缓缓向左前方掤起，高与肩平，掌心向下，指尖斜向左下方；目视左前方。（图 4-3、图 4-4）

图 4-3 　　　　　　　　　图 4-4

第四章　陈式太极拳精练拳四十六式

动作二：身向右转，重心移向右腿，两腿屈膝继续下蹲；同时，两臂屈肘转臂，两手左顺、右逆缠随转体向右平捋划弧至右肩前，随即塌掌坐腕，屈肘转臂变左逆、右顺缠，以下塌外碾的缠丝劲向左前方推挤；左腿外旋，右腿内旋；目视左前方。（图4-5、图4-6）

图　4-5 　　　　　　　　　　图　4-6

动作三：身微左转再向右转，重心微下沉，右脚以脚跟为轴外撇，重心完全移于右腿，随即提起左膝，成右独立势；同时，两手向右捋展开，置于右肩侧，掌心皆向外，指尖皆向前；目视前方。（图4-7、图4-8）

图　4-7 　　　　　　　　　　图　4-8

239

动作四：身体重心下沉，松右胯，右腿屈膝下蹲，以左脚跟内侧贴地向左前方铲出；同时，两手左逆、右顺缠向右后方大捋伸展，掌心皆向外，指尖皆向上；随即腰向左转，重心前移，右脚顺势上步，前脚掌虚着地，松胯屈膝下蹲；右手前撩，掌心向前，指尖向下；左手顺缠向里合于右臂肘窝上，掌心向里，指尖向右，两臂掤圆，气贴脊背，形成合劲；目视前方。（图 4-9—图 4-11)

图 4-9

图 4-10

图 4-11

动作五：松腰落胯，重心下沉，左脚踩实蹬地起身，右腿随势屈膝向上提起，重心完全落于左腿；同时，右掌变拳，屈肘上提，左掌逆缠向下落于腹部，掌心向上；随即周身放松，重心下沉，拳随身，身随势，右脚松落向下震踏；右拳随重心下沉落于左掌心上，形成上下合击；目视前方（图4-12—图4-14）

图 4-12

图 4-13　　　　　　　　　　　图 4-14

要点解析：

"金刚捣碓"，"太极拳自始至终，独此一势是正身法，端而肃，实而虚，柔而刚，上下四旁，任人所感，皆脚以应之"。此势看似至刚，其实至柔，刚柔皆俱，此称为"阴阳合德"。此势下踏震脚时，要求劲由心发，气机行于腰隙，传于腿，达于脚。成势时，震脚、手合、沉气要同时完成。

拳歌曰："金刚捣碓敛精神，上下四旁寓屈伸。变化无方当未发，浑然太极备无身。"

第三式　懒扎衣

动作一：身微向右螺旋下沉；同时，左掌右拳粘住用顺缠在胸腹前旋转一小圈，右拳变掌经左臂内侧向左上方穿出，随即向右上方顺缠，左掌向左下方逆缠分开，形成右上左下的斜向对开势；目视右前方。（图4-15—图4-17）

图　4-15

图　4-16 　　　　　　　　　　　　图　4-17

第四章　陈式太极拳精练拳四十六式

动作二：身微左转，再转右旋下降；随即左手向左下逆缠，经左胯转顺缠上举，高不过头；右手顺缠里合，经胸前变逆缠而开，下按右胯侧；同时，提右膝，形成上开下合之势；目视右前方。（图4-18、图4-19）

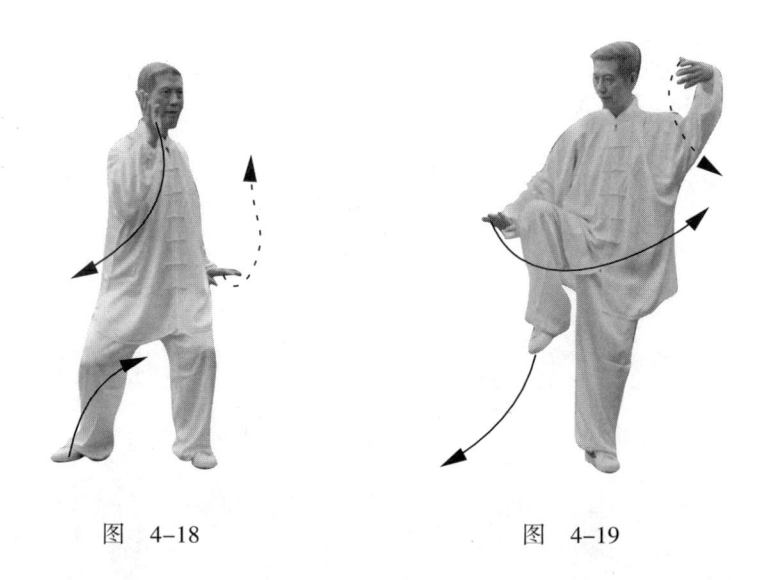

图　4-18　　　　　　　　　图　4-19

动作三：身体微右旋，左腿松胯，屈膝下蹲，右脚跟内侧贴地向右铲出，重心微右移；同时，两手由大开转为双顺缠大合，右手合于左手下，掌心向左，左掌心向右；目视左前方。（图4-20）

图　4-20

动作四：身微左转再向右转，重心右移，渐成马步，落裆松胯，气往下沉；同时，两手由合而开，右手向右转臂顺缠展开至右膝上侧，沉肩坠肘，变立掌，掌心向右前方，高与鼻平；左手随之置于左腹前，掌心向上；目视右掌中指尖方向。（图4-21—图4-23）

图 4-21

图 4-22　　　　　　　　图 4-23

要点解析：

此势腰劲往下松沉，沉至大腿根处，撑开裆，劲自圆。但腰要虚，一虚则上下皆灵。

陈鑫称此势"妙于转旋"。"胳膊大腿皆用螺丝缠劲，断不可直来直去，一直则无缠绵曲折之意。无缠绵意，不唯屈伸无势，即与人交手，亦不能随机应变"，"何以制胜？"

第四式　六封四闭

动作一：身体放松，下沉，右脚虚，左脚实；同时，右手以肘、腕为轴缠绕一圈后，随身左转逆缠至左肘下，左手围绕肚脐绕转一小圈后与右手合于腹前，两手背合住劲向右前方挤出，两臂掤圆，高与右肩平；随即腰向左转，螺旋下沉，两手由合而开，两臂从右至左走下弧，右手顺缠上托，置于右膝侧，左手逆缠转臂弧形向左上方掤起，气贯手背；目视右前方。（图4-24—图4-27）

图　4-24

图　4-25

图　4-26

图　4-27

动作二：腰左旋，两手顺缠翻掌分置两肩外侧，掌心斜向外；随即旋腰转膀，旋腕转臂，两掌合住劲向右下方按，两指尖向前略向外，成"八"字形；同时，重心移至右腿，左脚向右并步，以前脚掌虚点地落于右脚旁；目先左顾后视右前方。（图4-28、图4-29）

图 4-28　　　　　　　　图 4-29

要点解析：

"六封四闭"一势，身体要上虚下实，肩胯、肘膝、手脚上下相合；脊柱要竖起，松腰敛臀，有肩靠、肘靠、胯靠、膝靠之意。形成上下四旁，无门可入；左右前后严以闭之，无缝能击，无论是虚来、实来、偏来、正来之敌，皆无虞。

此势体用，两肱、两股皆用缠丝劲，由外往里缠，取其并力相合以攻之。进如疾风吹人，电光猛闪，手到脚到，愈速愈好。

第五式　单鞭

动作一：身微右转略下降，随即向左回旋；同时，右手顺缠向内，左手逆缠向外，各翻一个圈，左手掌心向上，右手变勾手经左掌心向右前方逆缠伸展，高与肩平，勾尖向下；左掌弧形移至腹前，掌心向上，指尖向右，形成左屈右伸之势；目视右前方。（图4-30、图4-31）

第四章　陈式太极拳精练拳四十六式

图 4-30　　　　　　　　　图 4-31

动作二：身微右转，重心全部移至右腿，左腿屈膝徐徐上提，高与腰平，小腿松垂，稍向里合；随即重心下降，右腿屈膝下蹲，左脚以脚跟内侧着地横蹬铲出，胯根撑开，重心左移，形成上下斜开势；目视左前方。（图4-32、图4-33）

图 4-32　　　　　　　　　图 4-33

247

动作三：重心向左移，旋腰打肘；随即左掌自腹前向右至右勾手上侧，旋腕外展，弧形转向左顺缠至肩左侧，沉肩坠肘变竖掌，指尖向上，目随左手而注，中指尖与鼻同高；同时，左腿顺缠，右腿逆缠，身体向左转90°，重心左移，两腿虚实为四六开或三七开；目视左掌中指尖（此为单鞭定势）。（图4-34—图4-37）

图 4-34

图 4-35

图 4-36

图 4-37

要点解析：

"单鞭"势两肱展又如一条鞭，其势如鞭之毒。胳膊如在肩上挂着一般，运动似柔而实刚，精神内藏而不露。陈鑫称"此为上乘，拳术尽矣！"其势"具有四德"："其一，心中空空，虚灵含内（离中虚象）；其二，理实气空，上虚下实（坎中满象）；其三，四肢舒开，气势盛足（有泰极象）；其四，气足难移，变化不易（有否之象）"。此势以虚灵之心，无所不照，"不贪打人，物来顺应"。

拳歌曰："声东击西计最良，此是平居善用方。谁知实向东推毕，转脸西击一字长。"

第六式　白鹤亮翅

动作一：身体松沉，重心右移；同时，右勾手变掌，两掌向外旋腕后捋至胸前，随即两掌左逆右顺缠旋转一竖圈，左手置于胸前，右手置于右肩后侧，掌心皆斜向前；目视左前方。（图4-38、图4-39）

图　4-38　　　　　　　　　图　4-39

动作二：腰向下沉，左手逆缠变顺缠向左前撑，右手由顺缠变逆缠向右后伸展；身体随前撑之势向左转，重心前移，左脚外撇，右脚向前跟一大步落于左脚旁，前脚掌虚着地，两腿微屈半蹲；同时，左掌掤起，高与头平，掌心向右前；右掌随身上步，置于右胯侧，掌心向下；目视前方。（图4-40、图4-41）

图 4-40　　　　　　　　　图 4-41

动作三：身体松沉，两手沿斜立圆左上右下弧线旋绕半圈，随即两手左逆、右顺缠合劲交叉于胸腹前，左手在上，右手在下，掌心皆向外；随之腰微左旋，右脚提起，脚尖虚点，坐胯下蹲，重心移于左腿，身体随即右转，重心上升前移，右脚向右侧迈出；右手向右上方斜开上掤至右肩侧，掌心向右前，高与头平，左手逆缠置于左胯外侧；同时，左脚随右臂上掤之势自然地向前跟进一步，落于右脚左侧，前脚掌虚着地；目视前方。（图4-42—图4-44）

图 4-42　　　　　　　　　图 4-43

图 4-44

要点解析：

"白鹤亮翅"一势，象形也。如白鹤舒展羽翼，"意在此势纯是引进劲"。

此势以右手为主、左手为宾，其神形连绵，手圈、腰圈、腿圈，上中下三圈同转，合为一体。两臂斜立圈旋绕上步时，前弓后蹬身到，暗藏杀机，肘打、臂掤、肩靠。

其实"与敌交手，能预定其理，不能预定其势，故在临时随机应变"。拳谚曰："白鹤亮翅右翅开，虚擎两手护怀来，沉肘压肩娥眉梢，一点灵机在心裁。"其意此势上步，左右手不可直率，如娥眉之弯，又如初三初四之月。如何应用，临敌全凭"心裁"。

第七式　斜行拗步

动作一： 身体微右转，右脚尖顺势外撇，身体右转 45°；同时，左手逆缠转臂上举至额前，右手顺缠下按于小腹右侧；目视前方。（图 4-45、图 4-46）

动作二： 周身放松，右腿屈膝松胯，重心完全移于右腿，左腿屈膝提起，成右独立斜开势；目视左手方向。（图 4-47）

图 4-45

图 4-46

图 4-47

动作三：身体微右旋，右腿松胯下蹲，左脚松落以脚跟内侧贴地向左前方铲出；同时，两手含上掤、下按之意，左手向右顺缠至右肋前变勾，下搂逆缠

第四章　陈式太极拳精练拳四十六式

至左膝前，勾尖向下，腕背高与肩平；右手翻掌顺缠转逆缠至左勾手前，掌心向上；目视左前方。（图 4-48—图 4-50）

图　4-48

图　4-49 　　　　　　　　　　图　4-50

动作四：身体微左转，随即右转；同时，右手旋腕外翻，掌心向外，指尖向上，沿平圆轨迹自左向右徐徐而开，顺缠至右腿外侧上方，高与肩平，掌心向右前方；气往下沉，腰微左转螺旋下降，开胸、松胯、圆裆、屈膝下蹲；目先随右手而注，后转视左前方。（图 4-51）

图 4-51

要点解析：
　　太极拳有"支撑八面"之说，也就是八个方向，即四正向、四斜角。练拳必须按照各势规定的方向运行，不可任意偏转，出手举臂、迈步落脚，应各司其职。此势取伏羲八卦巽、震、兑、艮之方位，即45°隅角。手脚位于四隅，各据一角，身法、方向虽变，但义理不变。要求身转左右平准，虚灵内含，中正不偏。当身斜开时，上肢肩、肘、手，下肢胯、膝、脚要相应相照，"以中气运于四肢，各得其宜"。

第八式　提收

　　动作一：身体放松，腰微左旋下沉，重心下降，左勾手变掌，两臂外掤松落合于腹前；同时，右脚向两腿中线后撤一小步，左脚拉撤到右脚前，脚尖虚点地，重心后移落于右腿；随即腰腹折叠，引领两臂、两肘内合，两手翻掌双顺缠置于左胸前，左掌在前，右掌在后，掌心皆向上，掌根合住劲；目视前方。（图4-52、图4-53）

　　动作二：身体微右转，重心全部落于右腿，腰微向右下沉，随即旋转而起，左腿屈膝上提，高与腰平，小腿自然下垂，成右独立势；同时，两手随腰右转，旋腕翻掌，左手在前，右手在后；随即心气下沉，随左腿上提而起之时，

两手向前下方伸展挤按，劲在掌根，掌心向前下方；目视前方。（图4-54）

图　4-52

图　4-53

图　4-54

要点解析：
　　此势取其形骸聚到一处，精神团聚不散。如虎咬人，先束其身。拳歌曰："右实左虚藏戞击，上提下打寓纵擒。果能识得其中理，妙手空空冠当今。"

谱曰："文章贵蓄势，打拳亦如是。"此势"收束其身，法以蓄势，又有大蓄之意"。"周身全屈，唯两手前伸，指犹斜势"，取象"是以群阴害阳，仅存一息"。

此势上体两手收束以蓄其势，"虽似弱而刚健实存于中，而以下体能顺从上体，相机而动"。

此势"下体皆是劲，何患危境"。谱曰："足来提膝，近来用膝。"其意，膝为下盘之门户。"防"，提膝是破腿之法，可对付撩阴腿，起到护裆之作用；"进"，用膝可上顶敌之裆腹之处，杀伤力极强。

第九式　前蹚拗步

动作一： 身体下沉，左脚下落；同时，两手向右后侧划弧捋带，左手落至腹前，右手落至身体右后方，手心皆向外。

随即左脚向左前方蹚出一步，身体左转，重心前移，左腿屈膝坐胯，左脚逐渐踩实，右腿伸展后蹬；同时，左手顺缠转臂至胸前，掌心向右前；右手逆缠至左前臂上方，掌心向左前，继而右手腕交搭合于左手腕上，形成向前推挤之势；目视左前方。（图4-55、图4-56）

图　4-55　　　　　　　　　　图　4-56

第四章　陈式太极拳精练拳四十六式

动作二：身体向左转45°下沉，左脚外撇踏实，重心完全移于左脚，右脚提起随转体脚尖虚点地，向右前方横向开一步；同时，两掌逆缠转顺缠向左右展开至腿外侧，掌心向外，指尖向上；屈膝、坐胯、沉肩、坠肘，腰微向左旋；目视前方。（图4-57—图4-59）

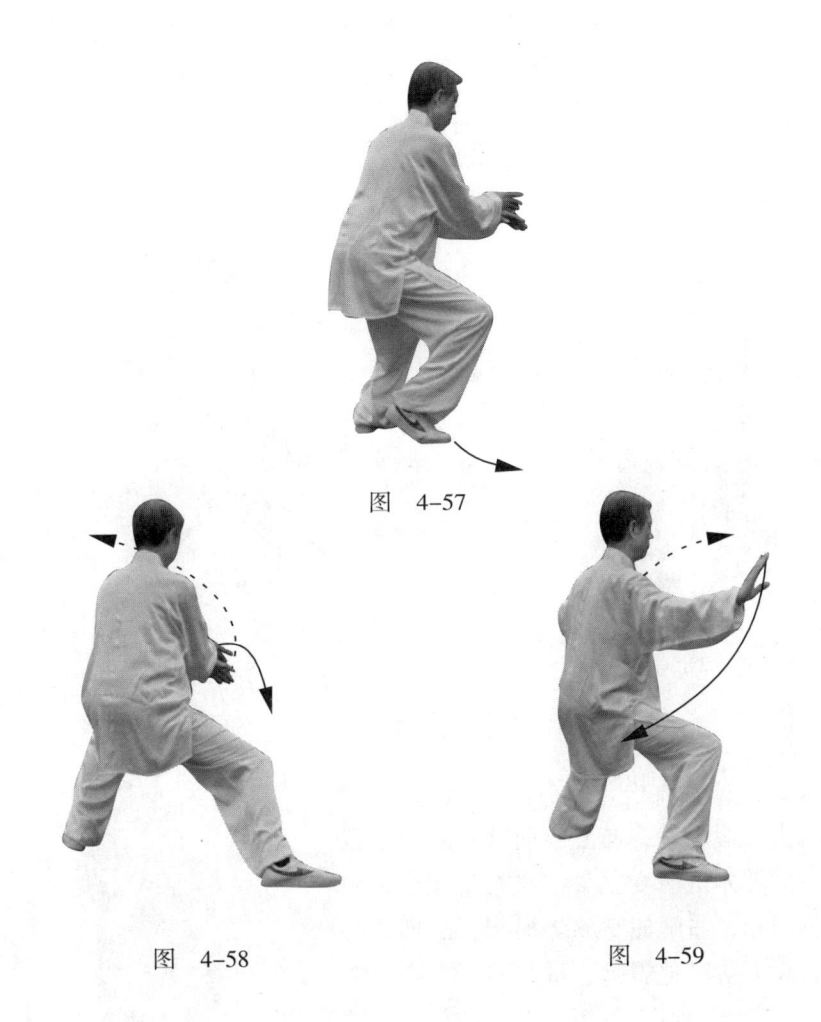

图　4-57

图　4-58　　　　　　　　　　图　4-59

要点解析：

此势重点是"虚实转换"，打拳如迈步不能分虚实，则重滞，自立不稳。谚曰："两腿弯曲分虚实，太极要义在里边。"当前蹚一步时，要注意步随身换，及时调整重心，虚实兼到。同时，注意拳走低架，有意加强腿的支撑力和耐力的锻炼。如谚所云："足平踏地似铜墙。"

257

第十式　掩手肱捶

动作一：身体向右转，以腰领两手，右手顺缠向右后划弧下按，置于右胯侧，左手逆缠向右上方划弧上掤，置于额前；随即左手转顺缠向左后划弧下按，置于左胯侧，右手转逆缠向左上方划弧上掤，置于额前；目视左前方。（图 4-60、图 4-61）

图 4-60

图 4-61

动作二：身体放松，向右转体 90°，以腰顺缠领右手抓握成拳，向上旋前臂翻腕向下栽拳，左手随转体沉肘变立掌，与右手相合；同时，左脚内扣，右腿屈膝顺势提起；随即重心下降，右脚下落蹬地震脚，重心移于右脚，左脚变虚，前脚掌虚着地；目视左前方。（图 4-62、图 4-63）

图 4-62

第四章　陈式太极拳精练拳四十六式

图　4-63

动作三：左脚向左前斜方铲出，重心仍在右腿；随即两手向背后挂肘，左掌变拳，经两胯沿内弧线至胸前，拳背相对，两腿屈膝下蹲；目视前方。（图4-64—图4-66）

图　4-64 　　　　　　　　　图　4-65

图　4-66

动作四：身微右转下沉，两手顺缠翻转合于胸前，左拳变八字掌，屈肘前伸，掌心向上，右拳松落置于胸前，拳心向内；随即旋腰松胯，重心迅速左移，由右偏马步变为左偏马步；右拳陡然向右前方发出，拳心向下，左手八字掌迅速收于左胁侧；目视右拳方向（图4-67、图4-68）

图　4-67 　　　　　　　　　　图　4-68

260

要点解析：

此势取震，"震上震下，全身皆如雷不可近，而手其最著也。"谱曰："一右手进可击，退可守，外可为一身之主劲。""不击则已，一击则震惊百里。"此势劲由脚跟起，其用在心，心机一动，中气即由丹田发出至手，周身全力皆聚于捶。

拳歌曰："浑身合下力千斤，拳力如风又如雷。劝君智勇休使尽，剩下余力扫千军。"

第十一式　披身捶

动作一： 身微右转，右拳变掌顺缠向右上划弧转逆缠向左下划弧至左膝前；同时左手变掌下落与右手交叉相合，左手在上，掌心向下，右手在下，掌心向上；随即屈膝下蹲，成左偏马步；目视左前方。（图4-69、图4-70）

图 4-69　　　　　　　　　　　图 4-70

动作二： 身体右转，重心渐移右腿，右腿外旋，左腿内旋；同时，以身领两手，双逆缠转双顺缠向左右掤开；随即腰向左旋，重心渐移左腿，右脚随身左旋向前上半步，前脚掌虚着地，屈膝下蹲；右手划弧前撩，掌心向前，左手合于右手臂肘窝上；目视前方。（图4-71、图4-72）

动作三： 松腰落胯重心下沉，左脚蹬地起身，右腿随势提膝，重心完全落于左腿；同时，右掌变拳，屈肘上提至胸前，拳心向里，左手下落于腹前，掌

心向上；随即右脚松落，轻轻着地，右拳随脚下沉落于左掌心内，两脚与肩同宽；目视前方。（图 4-73、图 4-74）

图 4-71

图 4-72

图 4-73

图 4-74

动作四：身体往下松沉，随即两手手背向上左右掤开，高与肩平，右脚向右横开一大步；同时，两手交叉相合于胸前，成十字手，屈膝下蹲，成马步；目视前方。（图4-75、图4-76）

动作五：腰向右转再向左转，重心左移，左腿前弓，左脚踏实，右腿伸展虚蹬；同时，两掌变拳，右拳顺缠向右上掤举，高与眼平，拳心斜向左；左拳逆缠至右腋前，拳心向里；随即以身领右拳顺缠至左肩前，高与鼻尖平，拳心斜向里；左拳逆缠至左胯外侧，拳心向左下；目视右拳方向。（图4-77、图4-78）

图 4-75

图 4-76

图 4-77

图 4-78

动作六：腰向右转，重心右移，右腿变前弓，右脚踏实，左腿变伸展虚蹬；同时，左拳变顺缠至右肩前，高与鼻尖平，拳心斜向里；右拳变逆缠下落于右胯外侧，拳心向右下；目视左拳方向。（图 4-79）

图　4-79

要点解析：

"披身捶"其意是"以捶护身"。要求头要提，胸要含，腿根不可挟，裆要开圆而虚灵，以备转关敏捷；膝以下皆死煞，故全凭腰与裆转动；右膝与左膝合住，右脚与左脚合住，周身一齐合住，神气不散，一气贯通，方能护卫周身。

拳歌曰："两手分开皆倒转，两腿合劲尽斜缠，裆间撑开半月圆，右手撤回又一拳。"

第十二式　背折靠

动作一：身体微向右沉，随即向左旋转；同时，右拳逆缠变顺缠向上划弧，引领至左肩上方，拳心向里；左拳逆缠下落于左胯外侧，拳心向左下；目视右拳方向。（图 4-80）

动作二：身微下沉，胸腹微合；同时，右拳向左下顺缠转臂变逆缠，屈肘拧裹向右上折靠，略高于头，拳心向外；左拳以拳面贴于左腰，拳心向外；目视左脚尖方向。（图 4-81、图 4-82）

图 4-80

图 4-81    图 4-82

要点解析：

此势之要点是"斜中寓正"。打拳能"明乎中正之理不易"。此势身成斜势，但"身虽斜而中气要直"。陈鑫说："虽四肢形迹呈多偏势，而中气之流于肢体中者，自是不偏。"

拳诀曰："斜中寓正，裆要撑圆，周身齐合，神气不散，中气要直，靠更无偏。"

第十三式　斩手

动作一：身微右旋，重心移于右腿；同时，两手握拳双顺缠合于右膝前，接着两手左顺右逆缠翻转拳背，左手以挒劲向左侧上方撤拳，右手以小逆缠向右后放劲，形成对开劲；随即身微左旋，重心移至左腿，右腿虚蹬；目视左拳方向。（图4-83、图4-84）

图　4-83

图　4-84

动作二：身体微松，左脚外撇，重心完全移于左腿，身体左转180°，右腿屈膝随势提起；同时，右拳顺缠自右向上翻转高举过顶，随即右拳犹如利刀下斩；左拳顺缠向下至右膝前，屈臂上提于右肩前，形成左上右下的"削竹势"，并辅以右腿下沉震脚，两腿屈膝半蹲；目视前下方。（图4-85、图4-86、图4-86附图）

图　4-85

图 4-86　　　　　　　　　　　　图 4-86 附图

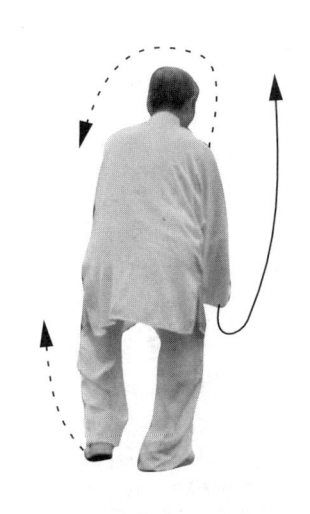

要点解析：

此势是两手一脚同时并用的着击挣脱方法。当左手被采时，采用"右斩""右提""震脚"三者齐施，可以解脱。但应注意下斩时，尾闾须中正，切不可因下斩而使尾闾前倾。陈鑫说："不偏不倚，无过不及是中气之用。""此气善用，则为中气，不善用则为横气。"

第十四式　翻花舞袖

动作一： 身体微向右转，右脚蹬地，左脚提起，身体突然跃起向左后翻转90°；同时，左手逆缠上提绕过头顶，以手领身自下而上的大转身；右手逆缠也由下至上加以辅助；目视左前方。（图4-87）

动作二： 身体继续左转180°时，左脚向左后方落地震脚，随后右脚向前上步落地震脚，重心微后移，两腿屈膝下蹲，裆劲下沉，成马步；同时，右手从上而下以掌缘下砍，高与腰平；左手成拳向左后下方击出，

图 4-87

267

置于左膝前；目视前方。（图 4-88、图 4-89）

图 4-88

图 4-89

要点解析：

此势是太极拳"解中寓击"和"击中寓解"的双用法。转身跃起是运用腰脊旋转身法加大解脱的力度，同时右手借腰轴旋转的惯性力，加强了右手的下砍劲。此"解中寓击"又"击中寓解"，是"以轻制重"之法。

此势上跃转身后，注意左脚先落地震脚，右脚稍后落地震脚，要有瞬间的"时间差"。一方面可加大旋转的惯性力，另一方面可减震。忌两脚同时落地震脚，防止震伤脚掌、脚踝、膝关节及大脑受伤。

第十五式　掩手肱捶

动作一： 接上势震脚瞬间，左脚蹬地，右腿屈膝提起；同时，双臂挂肘逆缠向上，借上势下砍的弹簧劲引领身体向上跃起，两手成拳高举过顶；目视前方。（图 4-90）

第四章 陈式太极拳精练拳四十六式

图 4-90

动作二：右脚落地震脚，屈膝下蹲，左脚向左前方铲出，成右偏马步；同时，左手成八字掌逆缠置于左胸前，掌心向上，右拳逆缠下落置于右胸侧；目视左前方。（图4-91）

动作三：腰微右旋，胸腹折叠，腰再左旋；右拳快速向右前方击出，左手快速收于左胁旁；同时，左腿前弓，重心左移，右腿后蹬，成左偏马步；目视前方。（图4-92）

图 4-91 　　　　　　　　图 4-92

269

要点解析：

此势在拳套中是体现"蓄劲与发劲"的拳势。古拳谱云：欲练蓄发劲"先要神气收敛入骨，劲由内换。劲起于脚跟，变换在腿，含蓄在胸，运动在两肩，主宰在腰，发于梢节"。形成"身如弓弦手如箭"，汇聚周身之力突出在右拳上。

第十六式　双推手

动作一： 身体右转，重心微右移；同时，右拳变掌顺缠向左下捋至腹前，左手贴腹逆缠向右，两手背交叉相合，两臂掤圆，自左向右徐徐划弧掤挤，高与肩平；目视两手方向。（图4-93、图4-94）

图　4-93　　　　　　　　　　　图　4-94

动作二： 身微右转，两手向右松引转腕向前伸展，手心皆向上，右手在前，左手在后；随即身体向左转90°，重心左移，左脚以脚跟为轴向左外撇，右脚以脚尖擦地向左前方划弧上步，脚尖虚着地，置于左脚前；同时，两手左顺、右逆缠随转体向左上方掤于胸前，掌心斜向上；目视前方。（图4-95、图4-96）

动作三： 身体继续左转，重心继续左移，右脚顺势向前迈出一步，重心移至右脚，左脚向前并步，落于右脚旁，脚尖虚点地；同时，两手左逆、右顺缠翻掌置于胸前，掌心斜向对，指尖斜向上；随即身体右转，两臂合住劲，以身

第四章　陈式太极拳精练拳四十六式

领手随转体向前推挤，掌心皆向前，指尖斜向上，虎口相对，重心右移；目视前方。（图 4-97、图 4-98）

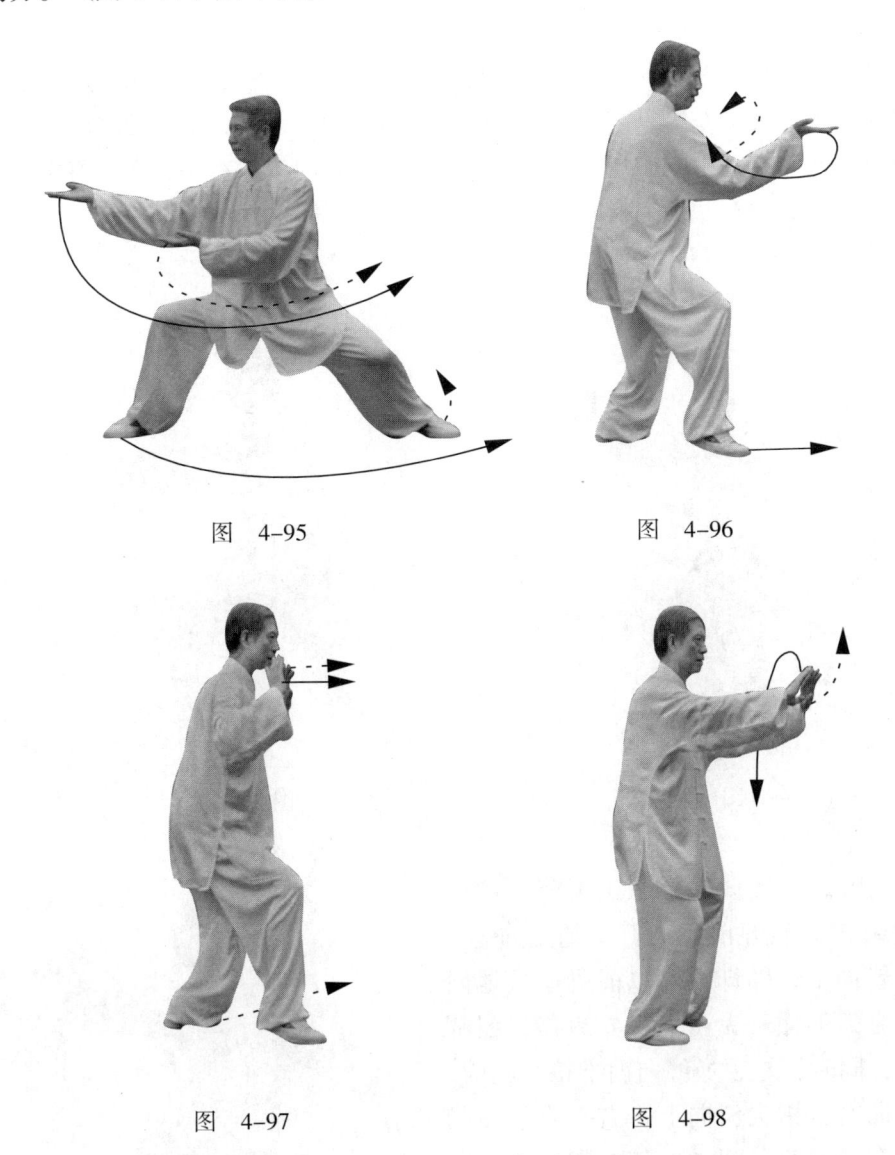

图　4-95

图　4-96

图　4-97

图　4-98

要点解析：

此势为合手前挤之势，要求腰脊圆撑与两臂抱肩合肘相配合；内气由丹田上行，经脊背、两肩到掌根，周身一家，催身前拥，身到、手到、脚到，意有排山倒海之势。

第十七式　倒卷肱

动作一： 身微左转，两臂双逆缠转双顺缠，左手立掌置于左胸前，右手松落置于腹前；随即左脚以前脚掌贴地向左后弧形撤一大步，重心随之后移，屈膝下蹲；同时，左手随撤步下捋至左胯外侧，掌心向下；右手从胸腹前穿出至右肩前，掌心向右，指尖斜向上；目视右前方。（图4-99、图4-100）

图　4-99

图　4-100

动作二： 腰向左转螺旋下降，两臂双逆缠转双顺缠前后展开，重心前移，掌心皆向上；随即右脚以前脚掌贴地向右后方弧形撤一大步，重心后移，屈膝下蹲；同时，左手逆缠向前推挤至胸前，掌心向右，指尖斜向上；右手收回在胸前与左前臂交叉而过，随右脚后撤步向右后捋按，置于右胯侧，掌心向下；目视左前方。（图4-101—图4-103）

图　4-101

第四章　陈式太极拳精练拳四十六式

图 4-102　　　　　　　　图 4-103

动作三：与动作二的图 4-101—图 4-103 动作相同，但方向相反。（图 4-104—图 4-106）

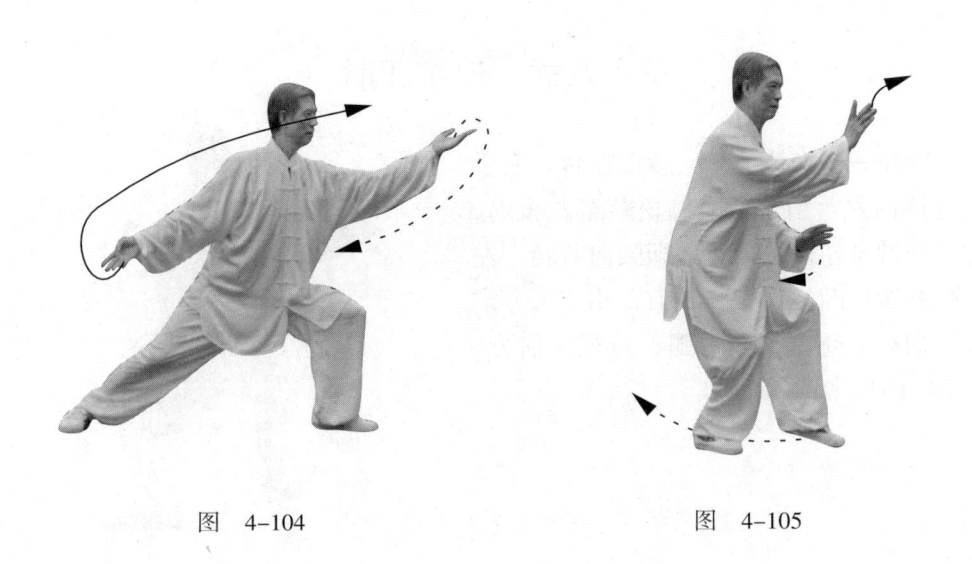

图 4-104　　　　　　　　图 4-105

273

图 4-106

要点解析：

此势"左手随左脚，右手随右脚，上下相随，倒而卷之"。谱称"虽退行倒卷，无所伤害""以手倒卷，战也"。陈鑫云："如劲敌在前加以兵刃，而后退行倒卷而战，能保必无伤害乎！"

此势阴阳来回更换，但退行要有正无偏。身虽后坐，而意领向前，自然平准无偏。

第十八式　退步压肘

动作一： 身体放松，腰微左转，右手随身体向左蓄引之势逆缠松落至左腹前，左手顺缠至左侧上方；随即腰向右转，左手顺缠变逆缠至右腹与右前臂相交叉，掌心皆向内，重心移于右腿；目视左前方。（图4-107、图4-108）

图 4-107

第四章　陈式太极拳精练拳四十六式

图 4-108

动作二：身向左转，重心左移，胸腹折叠，以腰为主宰运化缠丝劲，领右肘逆缠向左扣；同时，右脚提起，以前脚掌贴地向右后斜方弧形撤步，重心微右移；随即右手上掤内扣，左手逆缠压于右前臂上，掌心向下；目视左前方。（图 4-109—图 4-111）

图 4-109　　　　　　　　　图 4-110

275

图 4-111

动作三：松腰落胯下沉，重心移至右腿；同时，左手逆缠向左前弧形下按，右手顺缠翻掌下按，左掌在前，右掌在后，掌心皆向下，指尖皆向左；目视左手方向。（图 4-112）

图 4-112

要点解析：

此势为"双臂磨盘缠丝劲"，两臂以肘为轴，身以腰为轴，腿以膝为轴，上中下三轴齐转，全身一合俱合，一动无有不动；配合拳势低架，裆走下弧，可大大促进人体气血循环。正如拳论所云："培其根则枝叶自茂，润其源则流脉自长。"

第十九式　中盘

动作一：腰微右转再左转，重心随之前移，左腿前弓，右腿后蹬；同时，左手逆缠下落转顺缠向左前翻掌，置于左膝上方，右手松落向右胯外侧伸展，掌背向上；目视左前方。（图4-113）

图　4-113

动作二：腰微下沉，重心全部移于左腿，右腿屈膝向上提顶，高与腰齐；同时，左手逆缠下落腹前，右手逆缠向右后方上举；随即腰微左转，右腿松落震脚，重心随之移于右腿，屈膝下蹲；右手屈肘以肘尖自上而下随震脚下沉，掌心向左，指尖向上；目视前方。（图4-114、图4-115）

图　4-114

图　4-115

动作三：腰微下沉，重心完全移于右腿，左脚提起向左后横开一步；同时，左手顺缠向上至左胸前，两手相合，随即腰向左转，重心左移，两手随腰下沉左上右下徐徐展开，左手置于左额前，右手置于右胯侧，掌心皆向右下方；目视前方。（图 4-116、图 4-117）

图　4-116 　　　　　　　　　图　4-117

要点解析：

"中盘"一势，立身中正，神贯顶，"有包罗万象，得乾坤正气象"。当两手相合相开时，充分地体现出陈式太极拳"欲开先合""欲左先右"和"合中寓开"的特点。成势时，心平气和，凝眸静视，一身虚灵之气。

第二十式　闪通背

动作一：腰微下沉，两手松落小腹前，随即在胸腹前双逆缠而开，变双顺缠相合于小腹前；同时，右脚借缠丝劲的向心力收于左脚前，接着右脚向右蹬出一步，右手随步向右前掤出，变立掌；左手松落左胯侧，掌心向下；目视右掌方向。（图 4-118、图 4-119）

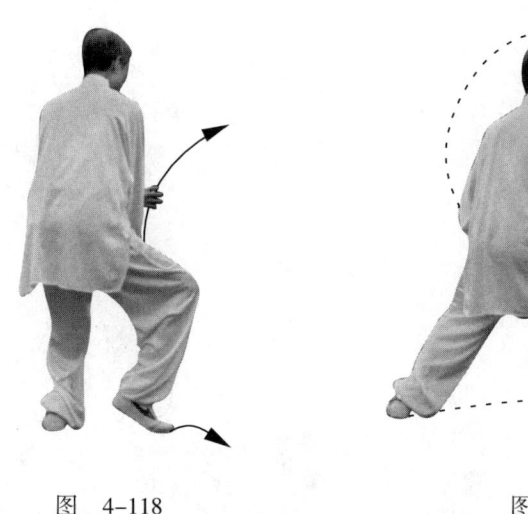

图　4-118　　　　　　　　　图　4-119

动作二：身体右转，上左步，左脚尖虚点地，重心移于右腿；同时，右手向右后划弧经右胯侧，翻掌向前伸展穿掌；左手向前划弧经胸前向左后下按，掌心向下；目视前方。（图 4-120、图 4-121）

动作三：身体微右转下沉，左脚内扣，以脚跟为轴，向右后旋转180°，右脚以前脚掌贴地向右后弧形扫半圈，重心随势移于右腿，两腿开胯下蹲；同时，两手随转体左顺、右逆缠经头上划弧缓缓松落，左手置于左胸前，右手置于左肘内侧，手心皆斜向下；目视左前方。（图 4-122—图 4-124）

陈式太极拳内功心法

图 4-120

图 4-121

图 4-122

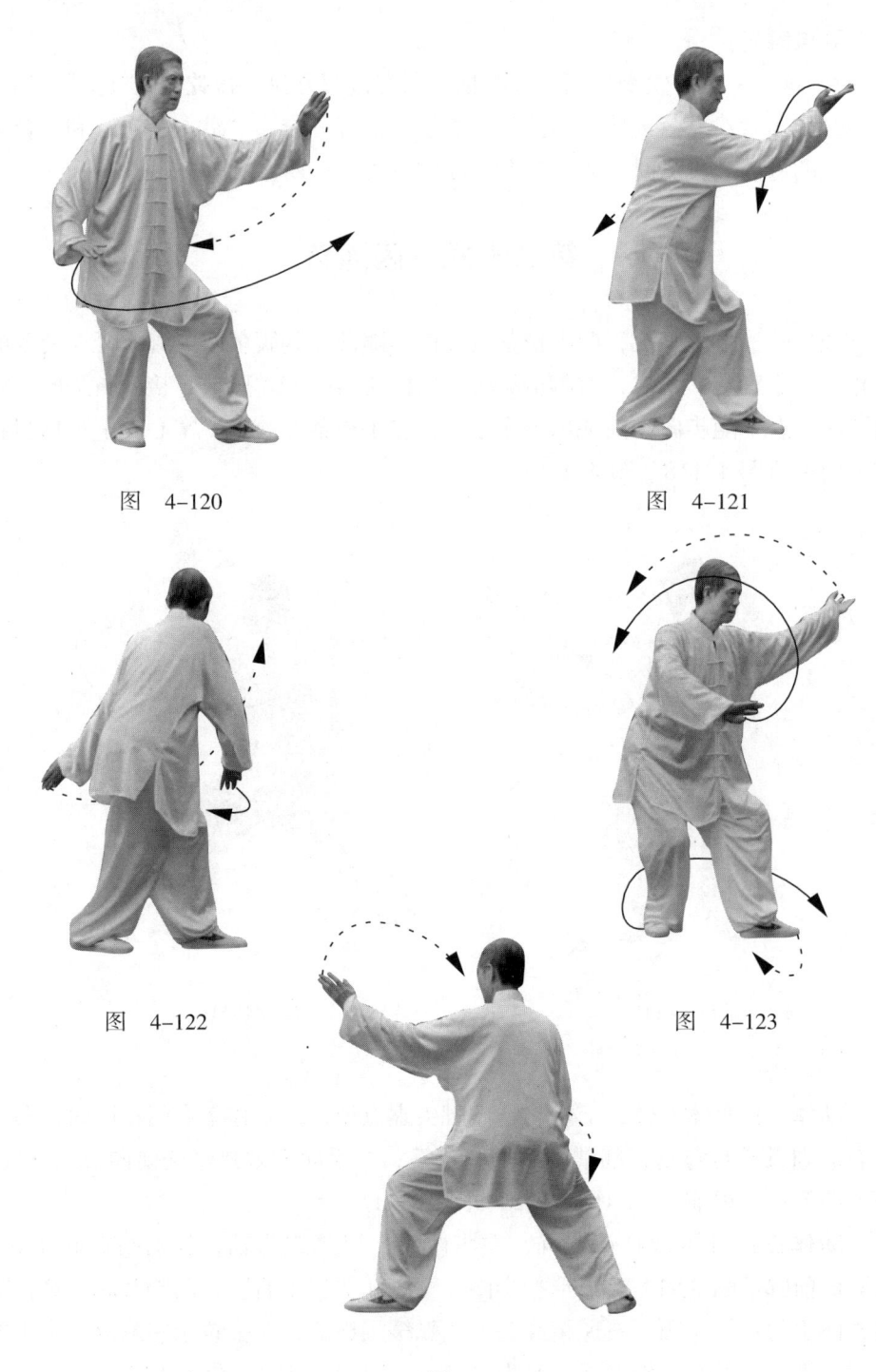

图 4-123

图 4-124

280

要点解析：

此势为倒转圈。言"通背"，是指内气运行。内气"由丹田与任脉逆行而上至百会，由百会下通于长强、会阴，是谓通背"。其体用，如有人搂住后腰，腰向前猛一弯，用背后长强往上用力挑其小腹，敌自从头上闪过颠翻在地，此谓闪通背。

第二十一式　掩手肱捶

此势动作及要点与"第十式掩手肱捶"相同，唯动作方向相反。（图 4-125—图 4-133）

图　4-125

图　4-126

图　4-127

图　4-128

图　4-129

图　4-130

图　4-131

图　4-132

图　4-133

第二十二式　运手

动作一：腰向右转，右拳变掌顺缠变逆缠向左划弧至小腹，左手向右前逆缠，两手背相合，随即向右前掤挤，至右胯侧，两手旋腕分开，右手在前，左手在后，掌心皆向上，重心右移；目视右前方。（图4-134、图4-135）

图　4-134 　　　　　　　　　　图　4-135

动作二：身微下沉，左脚外撇，重心完全移于左腿；同时，两手左顺右逆缠自右至左走下弧，以手领身向左转体180°，提起右膝，成左独立势；随即上右步，跟左步落于右脚旁，重心移至右脚，左脚尖虚点地，两手随上步左逆右顺缠向右侧推挤；目视右前方。（图4-136—图138）

图　4-136

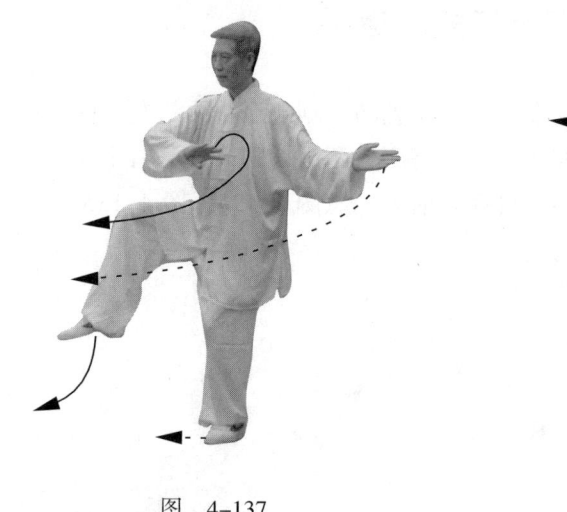

图　4-137 　　　　　　　　　　图　4-138

动作三：身微下蹲，腰先向右转再左转，右脚踏实，左脚向左横开一步，随即右脚随腰左转插步于左脚后，脚尖虚点地，重心移于左脚；同时，左手逆缠变顺缠自右下向左上划弧，置于左肩侧，略高于肩，手心斜向左；右手顺缠变逆缠，自右上向左下划弧，置于左腋下，掌心向上；目视左手方向。（图4-139、图4-140）

图　4-139 　　　　　　　　　　图　4-140

动作四： 腰先左转再右转，重心移于右脚，左脚向左横开一步；同时，右手逆缠变顺缠自左下向右上划弧，置于右肩侧，略高于肩，掌心斜向右；左手顺缠变逆缠自左上向右下划弧，置于右腋下，掌心向上；目视右手方向。（图4-141）

图 4-141

动作五： 身体下蹲，腰向左转，重心向左移，右脚随转体左转插步于左脚后，脚尖虚点地，重心移于左脚；同时，左手逆缠变顺缠自右下向左上划弧，置于左肩侧，略高于肩，手心斜向左；右手顺缠变逆缠自右上向左下划弧，置于左腋下，掌心向上；目视左手方向。（图4-142）

图 4-142

要点解析：

此势是横向移步，两脚更迭，转机不能停留。要求"两手领两脚内外转徐徐。中气贯脊中，不可歪一处"。

此势两肱两腿皆用的缠丝劲，断不可直来直去，一直则无缠绵曲折之意，与人交手亦不能随机应变。转关灵，妙于转旋，才胜人一筹。经曰："得势争来脉，出奇在转关。"

第二十三式　高探马

动作一： 腰微右转，重心右移，左脚向左前斜方开一步，重心渐向左移，屈膝下蹲，成马步；同时，左手向下、向右前逆缠，右手顺缠与左手交叉于右腹前，右手在上，左手在下，手背相合相对；随腰左转，两手逆缠向上划弧经面前分向两侧伸展至两肩侧，手心皆向外，指尖斜向上，高与肩平；目视右前方。（图4-143、图4-144）

图　4-143 　　　　　　　　图　4-144

动作二： 腰向左转，左脚外撇随之转体，重心移于左腿，右脚上步落于左脚旁，脚尖虚点地；同时，两手随转体合于左胸前；目视右前方。（图4-145）

动作三： 腰微左转，重心移于左腿，右脚提起向右斜方开一步，重心渐向右移，屈膝下蹲，圆裆落胯，成马步；同时，两手双逆缠转双顺缠经胸前分向两侧划弧伸展至两肩侧，手心向外，指尖向上；目视前方。（图4-146、图4-147）

第四章　陈式太极拳精练拳四十六式

动作四：腰向左转，重心移于右腿，屈膝下蹲，右脚内扣，左脚向后拉撤至右脚旁，脚尖虚点地；同时，左臂屈肘，左手收回至腰左侧，掌心向上；右臂屈肘转臂从耳侧顺缠横掌向前推挤；目视前方。（图4-148）

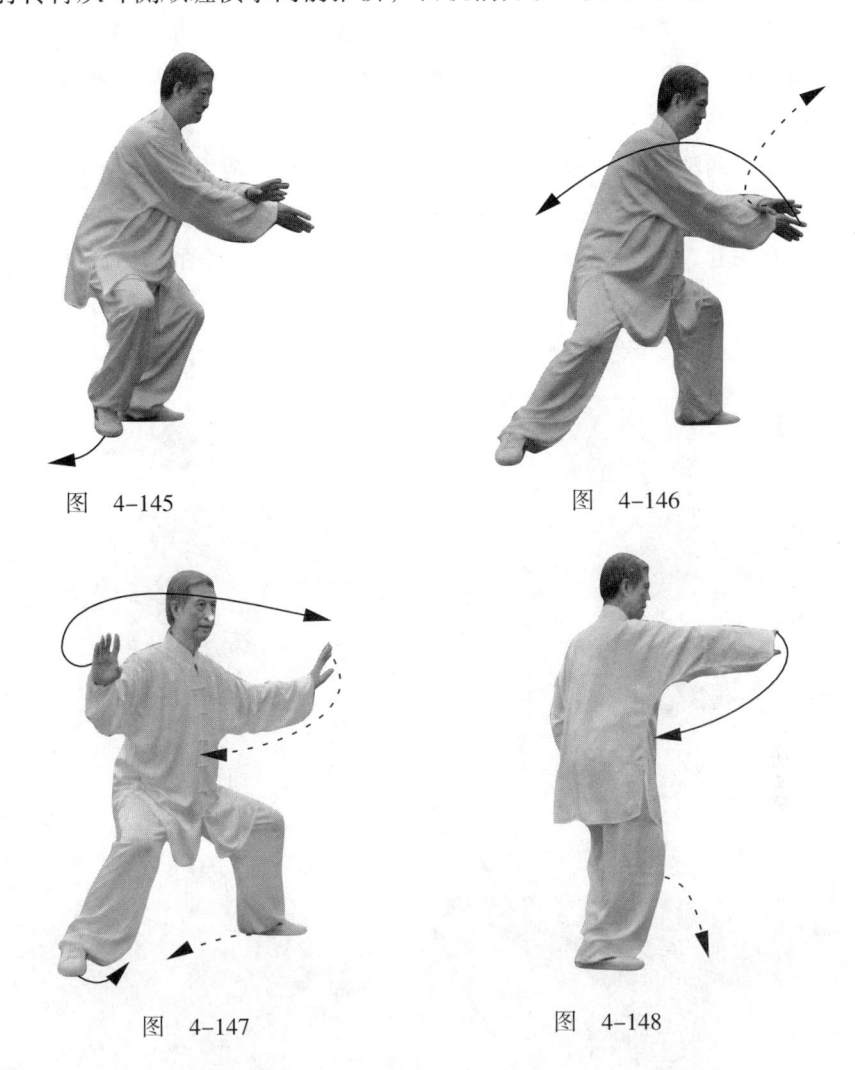

图 4-145

图 4-146

图 4-147

图 4-148

要点解析：

此势成势如整鞍探马势，右手是顺缠劲，左手是倒缠劲。谱曰："要拳不能不击人，不击人不能卫身，何用之？颐中有物。"就是说，练拳时要有假想敌。

此势手在外而实，心在内而虚，胸要含住，气贴脊背。右掌推出体现"虚笼诈诱，只为一转"。

第二十四式 右擦脚

动作一：腰微左转，左脚提起向右脚前盖步，成交叉步，脚尖外撇，随即两腿屈膝下蹲；同时，两手双顺缠外掤，随即转双逆缠两前臂合抱于胸前，掌心相对；目视右前方。（图 4–149、图 4–150）

动作二：两腿蹬伸，身体立起，微右转；同时，两手顺缠经面部向左右划弧，右手置于头右前上方，掌心向右前，左手向左后撑展，掌心向左后；随即右脚向右前方踢起，右手下落迎击右脚面；目视右前方。（图 4–151、图 4–152）

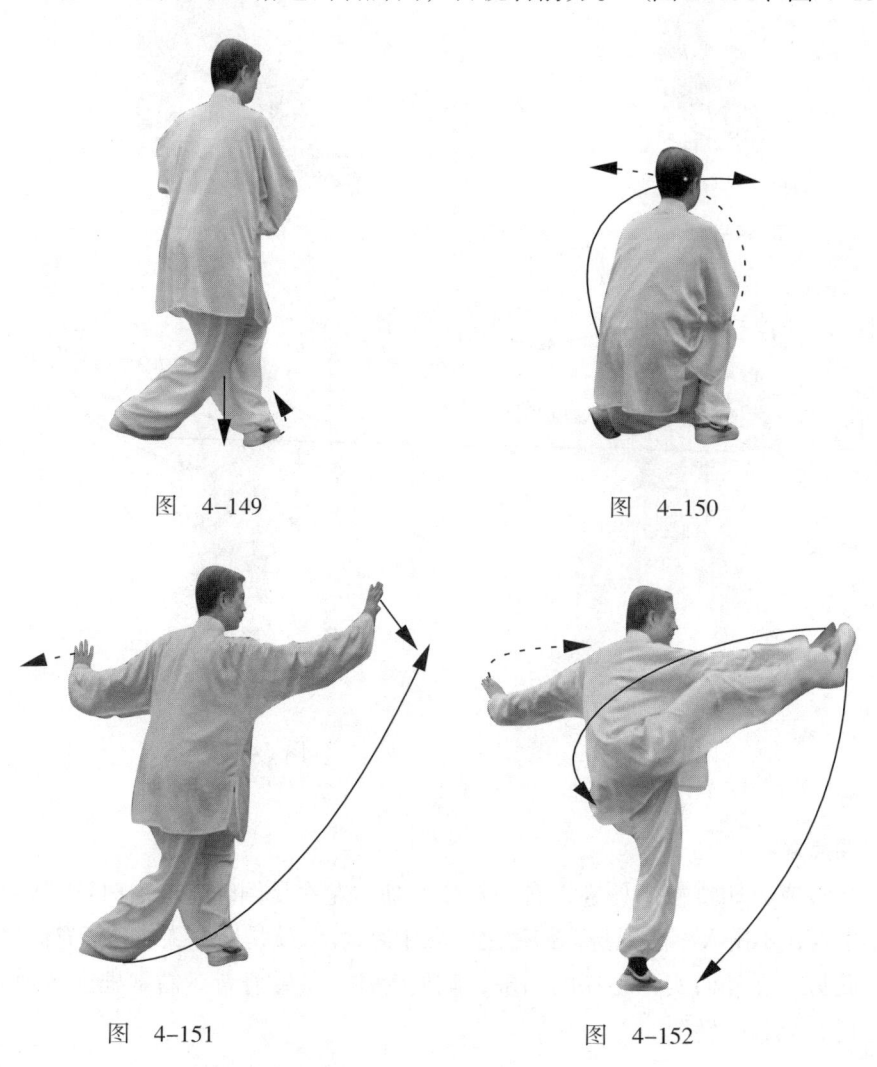

图 4–149

图 4–150

图 4–151

图 4–152

要点解析：

此势主要动作是两臂大顺缠而合，转大顺缠而开。当两臂双开、右手拍击右脚面时，左脚支撑要稳，身法中正不可歪斜。谱曰："内以中气运之，前弯腰，后臀霸，得其中正。"陈鑫云："耍拳非真遇敌，拍其右足，预形御敌之威也。足上踢，手下打，有益之意，故取诸益。"

第二十五式　左擦脚

动作一： 右脚下落向前半步，脚尖外撇踏实，身体右转，重心移于右腿，随转体两腿屈膝下蹲，成交叉步；同时，两手顺缠转逆缠两臂交搭相合，右手在下，掌心向上，左手在上，掌心向下；目视左前方。（图4-153）

图　4-153

动作二： 两腿蹬伸，身体立起，微左转；重心移于右腿，左脚向左前方踢起；同时，两手顺缠向左右两侧分开，左手下落迎击左脚面；右手向右后撑展，掌心向右后；目视左前方。（图4-154、图4-155）

图　4-154

图 4-155

要点解析：

右左擦脚，两势转换尽在一合一开之间，因而要求"顶劲领起，裆劲下去，一势一脚立分明"。开时气势饱满，合时精神内敛，浑然一体。

第二十六式 左蹬一根

动作一： 左脚自然下落，以右脚跟为轴，身体向左后转体135°，左脚随转体向左后撤步落于右脚左侧，两腿屈膝下蹲；两手置于身体两侧，掌心皆斜向下；随即右脚向右横开一步，左脚向右拉步，脚尖虚点地，重心移于右腿；同时，两掌成拳向腹前逆缠交叉，左拳在上，右拳在下；拳心皆斜向里；目视左前方。（图4-156、图4-157）

图 4-156

第四章　陈式太极拳精练拳四十六式

图　4-157

动作二：腰微下沉，重心完全落于右脚，五趾抓地踏实；随即左腿屈膝提起，两臂合住劲，陡然全身发力，以脚跟向左侧快速蹬出；同时，两拳猛然向上、向左右两侧分别发劲弹出；目视左前方。（图4-158、图4-159）

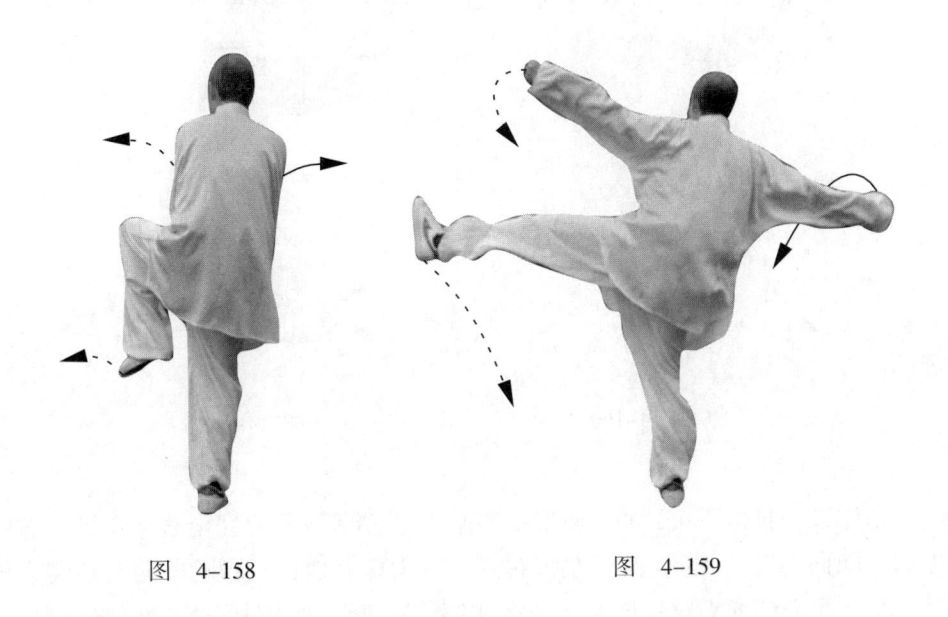

图　4-158　　　　　　　　　图　4-159

要点解析：

此势要意"顶劲领好，右腿微屈，臀部后坐，即为霸住"。虽脚向西蹬，

身往东斜，然其劲东西用力，停而才能得其中正。陈鑫说："此身法偏斜，是亦中正之偏，偏中有正，具有真意。"此势要求"动而健，刚而应，如雷之疾，而立脚要稳"。

古拳谱称此式谓"中单鞭"，"两肘皆屈住，如裹鞭炮，忽然用顺劲一齐展开"。两肱之劲，行于肩，过肘至指，此为顺缠劲。陈鑫说："心存以敬，运以中气，何往而不可。"

第二十七式　前蹚拗步

动作一：左脚收回向左前方落步，左腿屈膝前弓，右腿渐渐伸展前蹬，重心前移，身体随之向左旋转45°，面向东北方；同时，两拳变掌，左手顺缠至胸前，手心斜向后，指尖向右；右手逆缠以掌根搭于左腕内侧，手心向左前，指尖向左上方，成向前推挤之势；目视左前方。（图4-160、图4-161）

图　4-160 　　　　　　　图　4-161

动作二：身微下沉，重心前移，左脚外撇踏实，重心完全落于左脚，右脚提起，随向左转体45°，落于左脚右侧，脚尖虚着地；右脚随即向右斜前方横开一步，重心渐向右移；同时，两掌逆缠转顺缠分向左右展开至两腿外侧，掌心向外；随即松腰、屈膝、坐胯，两臂顺缠坠肘，坐腕变竖掌，指尖向上；目视前方。（图4-162—图4-164）

第四章　陈式太极拳精练拳四十六式

图　4-162

图　4-163 　　　　　　　　图　4-164

要点解析：
　　此势要点在于"虚实转换"，行拳时要注意步随身换、虚实兼到。当前蹚一步，两手向前推挤时，周身需要合住劲，形成左手背领劲、右手心吐劲，腰脊贯住劲，一气呵成，不可有断续处。要形成始于脚，通于背，主于腰，形于掌的螺旋劲。

293

第二十八式　击地捶

动作一：腰向右转，两手向右掤举，随即转臂旋腕向左下捋带，手心向外，指尖斜向右前；腰继续右转，右脚外撇，重心完全移于右脚，左脚随即提起斜上步，落于右脚左前方，前脚掌虚着地，右腿屈膝下蹲；同时，两手随转身，右手顺缠置于右腹侧，掌心斜向左下；左手逆缠置于左前上方，掌心斜向左上；目视左手方向。（图 4-165、图 4-166）

图　4-165 　　　　　　　　图　4-166

动作二：腰继续右转，重心完全移于右腿，随即左脚提起向左前方迈出一步，踏实屈膝前弓，右腿随势向前伸蹬，身体向前倾俯；同时，左臂屈肘，左手变拳逆缠向左上方绕举，拳心向外，略高于头；右手变拳由外向内逆缠一小圈，向前栽拳下击，拳面向下，拳心向里；目视下方。（图 4-167、图 4-167 附图）

图　4-167

图 4-167附图

要点解析：

此势身虽俯偃于地，但身法端庄而正无偏，要求在俯偃中达到"尾闾正中神贯顶"。其法为"腰大弯下去，后顶更得往上提住，勿令神庭、承浆向下，即令后顶提领，而不向下"（陈鑫语）。正如拳谱所云：中正不偏其实是"非形迹之谓，乃神自然得中谓也"，"正时亦正，斜时亦正"。心神中正了，运劲自然，才"无过不及"。

第二十九式　翻身二起脚

动作一：身体右转90°，随转体左脚内扣，左腿逆缠向里转，屈膝坐胯下蹲；右脚随势收回半步，前脚掌虚着地，重心移至左腿；同时，左拳内旋随转身下落至腹前，右拳上提，在腹前与左拳相交，左拳在外，右拳在内，拳心皆向里；随即两手随势双顺缠而开，右拳向上、向前、向下划弧落于右胯侧，拳心向左上；左拳向上、向前划弧置于头左侧，拳心向右下；目视前方。（图4-168、图4-168附图、图4-169）

图 4-168

图　4-168附图　　　　　　　图　4-169

动作二：腰微右转，重心完全移于左腿，右腿屈膝提起，小腿前伸，脚面不勾不绷，自然平展；同时，右臂屈肘，右拳顺缠一小圈，伸指变掌置于右膝外侧，掌心斜向上；目视前方。（图4-170）

图　4-170

第四章　陈式太极拳精练拳四十六式

动作三：重心前移，右脚向前落步踏实，左脚向前上方踢出；同时，左拳向前、向上划弧领劲；当左脚尚未落地时，右脚随势蹬地跃起，向前方绷平脚面上踢；右掌向后、向上、向前、向下逆缠一圈迎击右脚面；随即左脚落地，左手松落左胯侧；目视前方。（图 4-171—图 4-173）

图　4-171

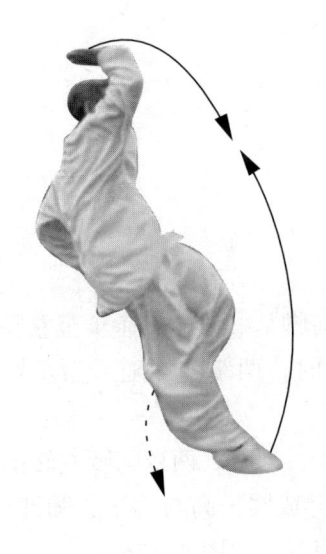

图　4-172 　　　　　　　　　图　4-173

要点解析：

"二起脚"是纵跃身法，即左右二脚相继跃起踢出，故名"二起脚"。起跳应借两臂立圆轮绕的掼劲带动身体上提腾空。此式注意：上下肢要配合一致，手脚相击要有声，右脚踢出过顶为宜。

第三十式　兽头势

动作一：右脚落地，左脚向左斜后方撤一大步，右腿随之屈膝前弓，左腿向左前伸蹬；同时，两手左顺、右逆缠从左向右前方推出，手心皆向右，指尖皆斜向上；目视右前方。（图4-174）

图　4-174

动作二：腰微右转，重心后移，随即右前脚掌贴地向后撤步至左脚右侧虚着地，两腿随之微屈，左脚实、右脚虚；同时，两掌变拳随后撤步置于腰两侧，拳心皆向内；目视前方。（图4-175）

动作三：腰向左转，右脚向右后斜方撤步；同时，两臂随腰左转向左前方发力推出，两拳心皆斜向里，两肘下沉，两臂成圆，高与胸平；随即弓左腿，蹬右腿，重心移于左腿，成左弓步；目视左前方。（图4-176）

动作四：腰微右转再左转，左腿内旋转外旋向前弓，右腿外旋转内旋向前伸蹬；同时，左拳向右逆缠，经胸前下落置于左膝上；右拳向左、向下绕左拳逆缠一圈变顺缠向上、向外发劲掤挤，右拳置于胸前，左拳置于腹前，右拳在上，左拳在下，拳心皆向内；目视前方。（图4-177）

图 4-175

图 4-176

图 4-177

要点解析：

此势又称"护心捶"或"打虎势"。"本势精神全聚于目，观敌所来之路径而乘便以应之也"。此势之本意"欲刚先柔，欲扬先抑。太和元气，浑然中伏"。拳谚曰："两拳上下似兽头，机关灵敏内藏胸，护心捶里无限意，欲用刚强先示柔。"

299

第三十一式　旋风脚

动作一：腰微右转再左转，重心渐左移；同时，两臂以肘为轴，左顺右逆缠向左肩前掤起，双拳随即绕转变掌，手心斜向外，指尖向左；随之腰向右旋，两手变左逆右顺缠向右胯侧捋带，手心斜向外，指尖斜向右，重心移于右腿；目视右前方。（图4-178、图4-179）

图　4-178　　　　　　　图　4-179

动作二：腰继续左转，重心完全移至左腿，随体左转右腿提起；同时，左手顺缠向左上方撑起，手心斜向下，指尖斜向前；右手逆缠向左上托起，手心向上，指尖向前，右臂沉于右膝外侧；目视右前方。（图4-180）

图　4-180

动作三：腰微右转，左腿屈膝下蹲，右腿外旋，脚尖上翘外撇，向前上半步，右脚跟先着地；同时，右手向右后旋转，经右胯向前推，虎口向前，手心向左；左手弧形下落于胸前，合于右前臂上，手心向右；随即重心前移，右腿屈膝前弓，左腿屈膝后蹬，前脚掌着地，脚跟提起，上体保持中正；目视右手方向。（图4-181）

动作四：腰微向右下旋转，重心移于右腿，裆劲裹住，左腿随体右旋陡然发力以弧形向右上方扫摆；同时，两臂顺缠向两侧展开，左掌横拍左脚内侧；随势右腿以脚跟为轴向右后旋转180°，左脚落于右脚内侧，重心仍在右腿上，两膝微屈下蹲；两手松落，置于腹两侧，手心皆斜向后，指尖斜向下；目视前方。（图4-182、图4-183）

图 4-181

图 4-182　　　　　　图 4-183

要点解析：

"旋风脚"在拳势中为变格之势，脚在下，前踢、后蹬，此为正格。今以左脚旋风横运击人，故称变格。

此势用的是裹裆旋扫劲，从起脚到落脚约旋扫180°，是一个高难度的动作。横扫时要掌握好"三劲"，即：顶劲要领住，裆劲要裹住，腰劲要合住，全身一合俱合，一开俱开，周身之劲成为一体。

拳歌曰："声东击西计最良，此是平居善用方。任他无数敌来攻，一脚横扫万重山。"

第三十二式　右蹬一根

动作一： 腰微动，两臂微合，重心略上移，随即身体下蹲，重心右移，左脚向左横开一步，重心移至左腿，右脚随之以前脚掌贴地收于左脚旁，脚尖点地，成虚步；同时，随开步两手顺缠向左右圆撑；随右脚收步两手下落，两前臂搭于腹前，两掌变拳，左拳在上，右拳在下，拳眼皆向上；目视前方（图4-184）

图　4-184

动作二： 重心完全移于左腿，右腿屈膝提起，胸腹蓄住劲，两臂陡然向左右两侧大开弹抖发劲；同时，右脚以脚跟向右侧突然蹬出发劲；目视右前方。（图4-185、图4-186）

图　4-185　　　　　　　　　　图　4-186

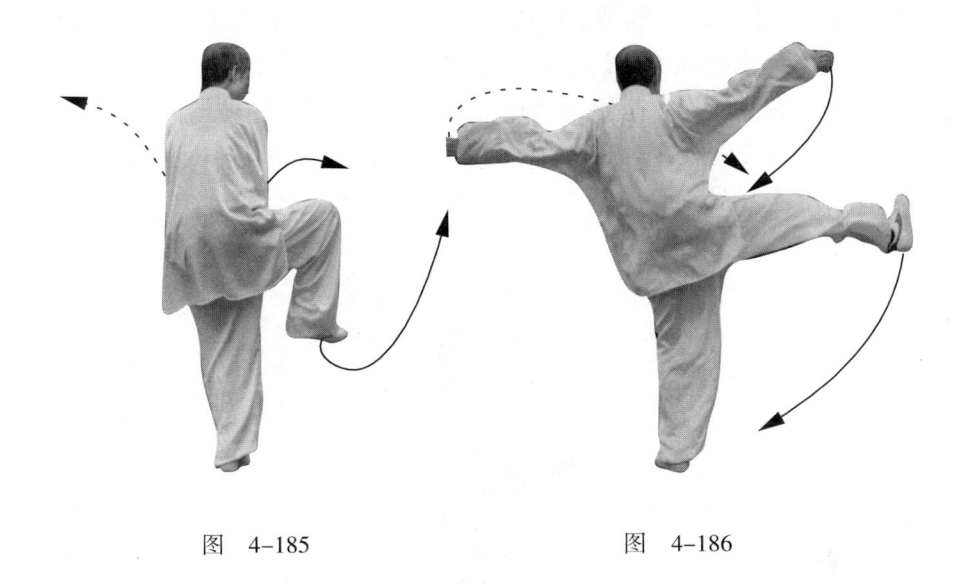

要点解析：
此式要点与"第二十六式左蹬一根"相同，唯左右腿不同。

第三十三式　掩手肱捶

动作一： 右腿松落，屈膝收回，脚尖似着地不着地，重心仍在左腿上；同时，右拳顺缠下弧线落于左胁侧，向上收提，拳心向左后方；左拳顺缠上弧线至右胁侧与右前臂相搭，拳心向右后方，左拳在上，右拳在下；目视右前方。（图 4-187）

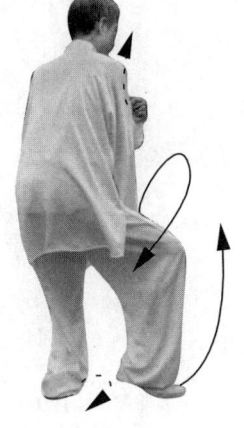

图　4-187

303

动作二：腰微下沉，随即左腿向上蹬伸，左脚以脚跟为轴，脚尖内扣，腰向右上拧旋，使身体向右旋转 90°；同时，右拳左弧线逆缠上提，拳心向内，随拧腰转体向右翻落于右胯侧，拳心向上；左拳右弧线逆缠向内下翻转向上，置于左肩侧，拳心向右，随转体两臂向后发弹抖劲；右腿屈膝上提，成左独立势；目视前方。（图 4-188）

图 4-188

动作三：右拳向里转臂翻腕落于腹前，拳心向下；左拳变掌，前臂竖起，肘往里合下沉，掌心向右；同时，右脚随沉气重心下沉蹬地震脚，随即重心移于右腿，左腿变虚，前脚掌虚着地，两腿屈膝下蹲；目视前方。（图 4-189）

图 4-189

第四章　陈式太极拳精练拳四十六式

动作四： 左脚向左斜前方铲出，重心仍在右腿；两手向背后挂肘，左掌变拳，经两胯沿内弧线至胸前，拳背相对；随即两腿屈膝下蹲，身微右转下沉，重心移于右腿；同时，两手顺缠翻转合于胸前，左拳变八字掌，左臂屈肘前伸，掌心向上，右拳松落置于胸前，拳心向内；目视左手方向。（图4-190—图4-193）

图　4-190 　　　　　　　　　　图　4-191

图　4-192 　　　　　　　　　　图　4-193

动作五：腰微右转再左转，重心微下沉，旋腰松胯，重心迅速左移，由右偏马步变为左偏马步；同时，右拳陡然向左前发出，拳心向下；左手八字掌迅速收于左胁侧，变半握拳；目视右拳方向。（图4-194）

图　4-194

要点解析：
此式要点与"第十式掩手肱捶"相同。

第三十四式　小擒打

动作一：腰向右转，身体微下蹲，随即向左转，重心前移，落于左腿，两腿屈膝下蹲；同时，两拳变掌，左手松落左膝前，掌心向右，指尖向前上方；右手顺缠向右上划弧转臂向左下方落，与左手相搭，掌心向左，指尖向左下方，左手在上，高与腹平；目视左前方。（图4-195）

图　4-195

第四章　陈式太极拳精练拳四十六式

动作二：腰向右转，重心渐移右腿，屈膝下蹲，成偏马步；同时，右手顺缠向右上划弧撑展至右肩外侧，掌心向右下方，指尖斜向左上方，高与眼平；左手旋腕下按，置于左膝外侧，掌心向下，指尖向前；目视左前方。（图4-196）

图　4-196

动作三：重心左移，随即右手自右上顺缠下落于左膝内侧，掌心向上，指尖向左；左手转臂上翻，掌心向上，指尖向左，置于左膝外侧，重心又移于右腿；目视左前方。（图4-197）

动作四：腰向右转；同时，两手左逆右顺缠向右划弧至右肩前，转臂翻掌向左下膝前挤按，掌心、指尖皆向左，重心仍在右腿；目视左前方。（图4-198）

图　4-197 　　　　　　　　图　4-198

要点解析：

"小擒打"又称"肘下偷擒法"。曰"小"，言其身法小也。其意，敌败复来，故上遮下打，擒而取之，不必用大身法。

此势以右手为主、左手为宾，两手左上、右下用倒缠劲一齐向前推挤。上遮下打，肘下偷击，此曰："以奇取胜。"此着兵书上称其"赶尽杀绝"。

拳歌曰："左手提起似遮架，右手一掌直攻坚。偷从左手肘下穿，捆肚一掌苦连天。"

第三十五式　抱头推山

动作一： 重心微向左沉，随即两手变拳交叉合于左膝上方，左手在上，拳心向下，右手在下，拳心向左下；双手合住劲，两肘向内旋，两拳向里、向上、向外翻，拳心向上；同时，弓左腿，重心移于左腿；目视左前方。（图4-199、图4-200)

图　4-199 　　　　　　　图　4-200

动作二： 重心微下沉，两手由拳变掌，掌心向上，双逆缠划弧向左右外开至胸前两侧，掌心皆向上；同时，重心略后移；目视左前方。（图4-201)

动作三： 腰向右转，以左脚跟为轴，身体右转90°，右脚收回半步，前脚掌虚着地，重心移于左腿；同时，两前臂内旋屈肘，两手逆缠向上方托起，掌心向上；随之两腿屈膝，重心下沉；目视右前方。（图4-202)

动作四： 身体微向左转，两手随转体微向左移，两肘下沉，旋腕转臂，两掌分置两肩上，掌心斜向内；随即重心微沉，身体右转，右脚向右前方上一大

第四章 陈式太极拳精练拳四十六式

步，脚跟先着地，右腿前弓，左腿后蹬，重心前移；同时，两掌顺缠向前推出，掌心向前，指尖斜向上，成"八"字形；目视右前方。（图 4-203、图 4-204）

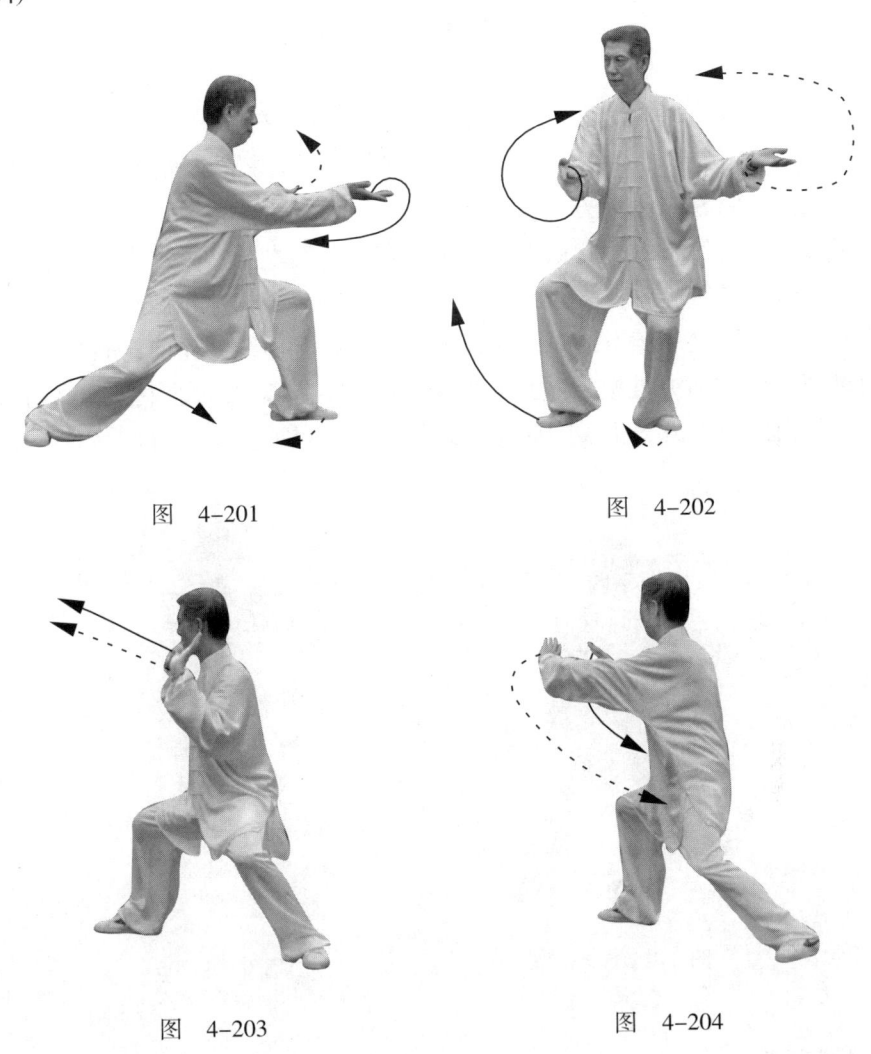

图 4-201

图 4-202

图 4-203

图 4-204

要点解析：

此势以双逆缠而开，转双顺缠而推，其意以我之左右手分开敌之左右手，使敌之手不能入内攻击我。拳经曰："双手入到敌人双肱内，塌住敌胸力推之，其势如手推山岳，欲令颠翻倾倒。"因而要求推时，顶劲领好，腰劲下好，裆劲撑圆，脚底踏实，膀力用到掌上，周身一家向前拥。

309

拳歌曰："两手托胸似推山，恨不一下即推翻。此身有力须合并，更得留心脊背间。"

第三十六式　前招

动作一：腰向左转，重心微下沉，左膝外旋，右膝内旋，重心移于左腿，两腿屈膝下蹲；同时，两手松落沿逆时针弧线向右捋带至胸前，掌心向左下，指尖向右上；目视右手前方。（图 4-205）

动作二：身微下沉，腰微左转，重心完全移至左腿；随即右脚提起，向右前方上半步，脚跟先踏实，重心移于右腿；左脚跟步，落于右脚旁，脚尖点地变虚步，右腿随之屈膝下蹲；同时，随转体右前臂逆缠，左前臂顺缠，两手沿顺时针弧线向右前方推按，左掌心斜向右前方，指尖斜向前下方，高与腹平；右掌心斜向右前下方，指尖斜向左，高与胸平；目视左手方向。（图 4-206）

图　4-205 　　　　　　　　图　4-206

要点解析：

"前招"一势其要在于"上领下打"。假设左前方有敌来袭，应敌之法自是左手屈肘转臂按住敌之手，绕圈"上领"为妙，随之上步挤按，必是以左手"下打"。拳谱称此招为"上领下打把客邀"。因而陈鑫说："前招时，左手顺转，右手倒转，以左手为主，右手为宾。"

此势练习时，要求"眼神注视左手"。如何设势、进退全在于目，眼即见，心即知之，手即随心而到。机至灵也，动之速也。兵法称"虚则实之，实则虚之"。

第三十七式　后招

动作一：腰向左转，重心微下沉，左膝外旋，右膝内旋，重心左移；同时，两臂松沉，随腰左转以肘为轴，领两手向左划弧掤至左肩前，随即旋臂转腕，手心皆斜向外，指尖皆斜向左；重心移于右腿，屈膝下蹲；目视右前方。（图4-207）

动作二：腰微松沉，随即右转，重心完全移于右腿，左脚提起向左横开一步，重心左移；右脚跟步，落于左脚内侧，前脚掌着地，成右虚步，左腿随之屈膝下蹲；同时，两手左逆、右顺缠向右划弧，随上步转体翻掌转臂，两手变左顺、右逆缠划弧向左前方推按；右掌心斜向左前方，指尖斜向前下方，高与腹平；左掌心斜向前下方，指尖斜向右，高与肩平；目视左手方向。（图4-208）

图　4-207 　　　　　　　　图　4-208

要点解析：

"后招"一势则"以右手为主，左手为宾"。假设有敌从后来袭，陡然转过身来，以右手与肱接住敌之手，自前至后顺转绕一圈以作引进，复自后至前击之。此谓击搏"上领"之势，右手屈肘绕圈必是转为"下打"。陈鑫说："本势不必用大身法转关，但用小身法过角可也。以灵动敏捷为尚。"称此为"小过角之身法"。

第三十八式 双震脚

动作一：腰微左转，左膝微外旋，屈膝后坐；右脚前伸，脚掌虚着地，屈膝上弓，重心移于左腿；同时，两手随转体双顺缠，两前臂交叉相合于腹前，右手在上，左手在下，右掌心、指尖斜向左下；左掌心、指尖斜向右下；目视前方。（图4-209）

动作二：身微下沉，腰微右转；同时，两手双顺缠向左右划弧开至两肩侧，掌心皆斜向下，指尖皆向前，高与胸平，重心仍在左腿；目视前方。（图4-210）

图 4-209 　　　　　　　图 4-210

动作三：身体下沉，腰微右转再左转；同时，两手向内转双逆缠划弧并旋肘转臂翻掌上托，右手在前，左手在后，掌心皆向上，高与腹平；两臂合住劲，左腿屈膝坐实，右腿前屈，成右虚步，重心落于左腿；目视前方。（图4-211）

动作四：腰微左转，左膝外旋，右膝内旋，重心微下沉；同时，两臂相合蓄劲，胸腹折叠，两手上托领劲；随即右腿屈膝上提，左脚蹬地跃起，两脚左

第四章　陈式太极拳精练拳四十六式

先右后下落，屈膝蹬地震脚，相继发出两声沉闷的震脚声；同时，两手逆缠翻掌，随震脚向前下按，右臂前伸，掌心向前下，指尖向前，高与腹平；左手按于右肘左侧，掌心向右下，指尖向前，略低于右掌；目视前方。（图 4-212、图 4-213）

图　4-211

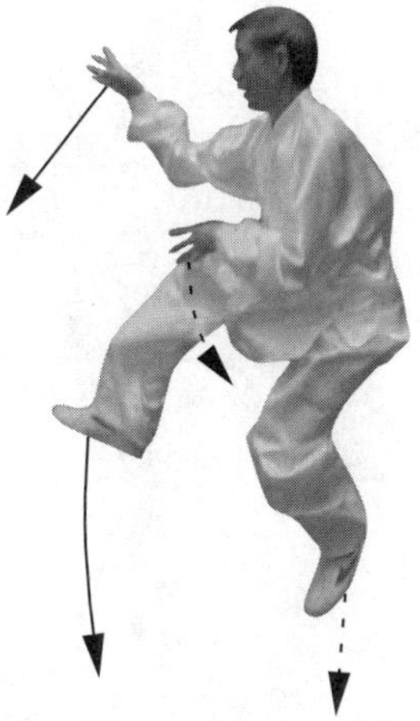

图　4-212 　　　　　　　　　　图　4-213

要点解析：
"双震脚"一势是上跃身法，又称"双落脚"。其要义是当左脚蹬地起跳时，要借两手上提引领劲；两脚下落震脚时，瞬间要周身松劲。"松"是为蓄劲更具爆发力，拳理称此为"实中再实"。此势因气下沉下落震踏，相继两声震响，故称"双震脚"。

第三十九式 玉女穿梭

动作一：身微下沉，腰向左转，重心完全移于左腿，左脚蹬地起立，右腿屈膝上提，成左独立势；同时，左臂屈肘，左手收至左胸前，掌心向前，指尖斜向上；右手逆缠至胸前，合于左前臂内侧，掌心向下，指尖向左；目视前方。（图4-214）

动作二：腰微左转再右转，左腿独立，五趾抓地，立足要稳；同时，左手向右前穿掌转顺缠划弧上抬置左肩上，掌心斜向上，指尖斜向左后；右手向左逆缠划弧与左臂在胸前交叉绕过，经面额转向右划弧至右肩前，随即前臂外旋，以右掌缘向前斜切，掌心斜向左，指尖向前，高与肩平，重心微前移；目视前方。（图4-215）

图 4-214　　　　　　图 4-215

动作三：重心前移，右脚向前落步蹬地跃起，左脚跟着向前凌空跨出，身体在空中向右后旋转270°，左脚落地，右脚随转体向右横行落步，两腿屈膝下蹲；同时，左手顺缠经右手下方向前穿出，随转体向左下展开，掌心斜向下，指尖斜向左前方；右手回收经胸前随转体向右上撑展，然后向右下展开，掌心斜向下，指尖斜向右前方，双手分置左右两侧；目视前方。（图4-216—图4-219）

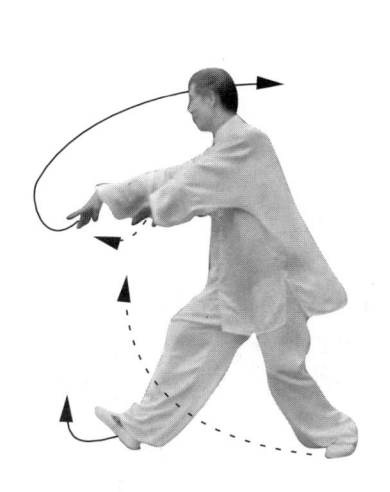

第四章　陈式太极拳精练拳四十六式

图 4-216 　　　　　　　　　图 4-217

图 4-218 　　　　　　　　　图 4-219

要点解析：

此势是大转平纵身法，连进三步，身法凌空向右转体270°，"如鸷鸟疾飞而进，莫能遏抑"。其诀要在于"第一步起好"。右脚落步，粘地即起，以启左脚跃步之势。前纵之本，全由心劲一提，顶劲领住，三步连续赶进，一气呵成。

此势未纵之前全是蓄劲，方纵之时，一往直前。手法、步法、身法，转法越快、越远、越高、越好。

拳歌曰："转引转进出重围，宛同织女弄织机。此身直进谁比迅，一片神行自古稀。"

第四十式　拗鸾肘

动作一：身微下沉，腰向左转，两腿屈膝下蹲，重心完全移于左腿，提起右脚向右横开一步，右腿屈膝右弓，左腿向右伸蹬，重心移于右腿，成右弓蹬步；同时，两手向内双顺缠，右手变拳与左掌合于左腹前，右拳心向里，左掌五指贴于右拳背，随开步重心右移向右斜上方放肘；目视右肘方向。（图4-220、图4-221）

图　4-220　　　　　　　　图　4-221

动作二：腰微右转，重心微向右沉，两腿屈膝微蹲；同时，两手成拳松落合于右膝侧，右拳在外，左拳在内，左拳陡然以背反捶顺缠向左上方发劲；右拳顺缠向右后方发劲；随即重心移于左腿，左腿弓，右腿蹬，成左弓蹬步；目视左方。（图4-222、图4-223）

图　4-222

第四章 陈式太极拳精练拳四十六式

图 4-223

动作三：身向右转，重心完全移于右腿，左腿屈膝上提，陡然右脚蹬地，腾空跃起向左后转体 180°，左脚先着地，右脚随之下落震脚，屈膝下蹲；同时，左手由下而上向左上方轮转上引，随转体松落腹前，由拳变掌，掌心向上；右拳随转体向上轮转，下落合于左手掌心上；目视前方。（图 4-224—图 4-226、图 4-226 附图）

图 4-224 　　　　　　　图 4-225

317

图 4-226 　　　　　　　　　图　4-226 附图

动作四：腰向左转，重心移于左腿，屈膝下蹲，右脚以内侧贴地向右铲出一步，随即左脚跟步，重心随之右移，两腿屈膝下蹲，成马步；同时，左掌右拳两臂如环合成一臂，随左脚跟步以右前臂逆缠一圈向右发出肘劲；目视右前方。（图 4-227、图 4-227 附图、图 4-228、图 4-228 附图）

图　4-227 　　　　　　　　　图　4-227 附图

图 4-228　　　　　　　　　图 4-228 附图

要点解析：

"拗鸾肘"是近距离的肘劲，亦称寸劲，也是解脱被采的有效方法。其要，右脚向右开步时，左脚跟步拖地，落点要有声，两脚要沉住，腰腿之劲贯于手臂，发劲刚脆。

谱云：短距离肘发寸劲"贵在惊弹走螺旋"。通过腰腹折叠螺旋把身体内部气化之劲随肘抛出体外，形成短发螺旋劲。

拳歌曰："拗鸾一势最为佳，左右虚身有妙法。右拗左合彼难架，翻身肘上拗步斜。"

第四十一式　顺鸾肘

动作一： 上势"拗鸾肘"横肘击出如不能解脱其采，此势就继续顺着其劲，腰微右沉再向左转，重心完全移于左腿，屈膝下蹲，右脚顺势横向沿地面铲出一步，左脚实，右脚虚，成偏马步；同时，两肘以肘尖为中心，右肘尖逆缠、左肘尖顺缠一小圈，两手左掌右拳向前划弧合于腹前，拳心、掌心斜向内，两前臂含掤劲；目视前方。（图4-229、图4-229附图）

319

图 4-229　　　　　　　　　图 4-229 附图

动作二：腰胯松落，重心右移，随即左脚向右跟拖半步，落地震脚有声，右脚立即由虚变实，屈膝下蹲，成马步，裆劲下沉，顶劲领起；同时，两手分开，左手变拳，两肘尖顺缠分向腰两侧后下方发劲，肘不贴肋，腋下各容一拳，拳心皆斜向内；目视前方。（图4-230）

图　4-230

要点解析：

"顺鸾肘"接上势"拗鸾肘"，有"弓弦脱扣"连珠击射之势。古称"顺鸾藏肘"。其特点"短兵相接，速战速决，没有回旋余地"。

拳诀曰："顺鸾肘，靠身搬，打滚快，他难遮拦，肚搭一跌，谁敢争先。"

第四十二式　穿心肘

动作一： 腰胯松沉，上身左转，重心移于左腿，右脚掌缘轻贴地向右铲出一步，虚着地，成偏马步；同时，两手相合，左拳变掌，横向贴于右拳背上，右拳心相对胸窝；随即右肘尖向右上送，再向左下绕回，划弧成椭圆形，右拳心相对左乳，心神关顾两前臂抱合转圈；目平视右前。（图4-231、图4-231附图）

图　4-231 　　　　　　图　4-231附图

动作二： 两胯根向右前送，重心移于右腿，左脚随即跟上小半步，成右弓蹬步，脚跟用拖劲震地有声；同时，两肩向右送，右肘尖向右前击出，高与胸窝齐；顶劲领起，裆劲下去；目平视右前。（图4-232、图4-232附图）

图　4-232

图　4-232附图

要点解析：

此势接上两势"拗鸾肘""顺鸾肘"，连续击第三肘，此称"连珠为用"之法。不让敌人有喘息时间，充分体现出陈式太极拳"连珠肘击"的强大威力。因而拳谚云："穿心肘靠妙难传。"

拳谱云："凡手臂越出方圆外，叫做出隅；越进方圆内，叫做进隅。出隅须用采挒，进隅须用肘靠。所以肘靠之用，犹如短兵相接，速战速决。"

太极拳用肘之法，分为宽、窄两面。宽面是指从手腕到肘尖部位，杀伤力相对较小；窄面指肘尖，其杀伤力极强，轻者致伤，重者致残、致命。因而有"宁挨十手，不挨一肘"之说，此三势皆用肘尖进击。

拳歌曰："两手垂分两肘弯，三请诸葛人难防。屈可伸兮伸可屈，看来用短胜用长。"

第四十三式　摆脚跌叉

动作一：腰先右转再左转，重心随转体从右移于左，右脚收回并于左脚旁，脚跟提起，成右虚步；同时，两手向右侧划弧松落成掌，手心皆向外，指尖皆斜向右，随右脚上步两手变左顺、右逆缠向左划弧至左胸侧，旋肘转腕两手变左逆、右顺缠置于左胯上侧，手心皆向外，指尖皆向左，屈膝下蹲；目视左前方。（图4-233、图4-234）

第四章　陈式太极拳精练拳四十六式

图　4-233　　　　　　　　　　　　　图　4-234

动作二：腰向右转，重心移于右腿，右脚踏实，屈膝下蹲，左脚提起向左前方斜上一步，随即腰向左旋，左腿前弓，右腿伸蹬，重心移于左腿；同时，两手左逆、右顺缠随旋腰向右上方划弧绕转，左手置于左肩下侧，右手置于右肩上侧，掌心皆斜向左前方，指尖皆斜向右上；目视左前方。（图 4-235）

图　4-235

323

动作三：身体下沉，腰向左转，左腿略蹬直，重心完全移于左腿，右脚提起向左上方踢起后转横运向右扇形摆开；同时，两手左逆、右顺缠转左顺、右逆缠向左上方划弧，左先右后依次迎击右脚面外侧，相继两声迎拍，掌心皆向左，置于两肩上侧；目视前方。（图4-236）

动作四：右脚摆莲后下落，重心下沉，右脚随重心下沉于左脚旁蹬地震脚，左脚跟随即提起，重心移于右脚，右腿屈膝下蹲；同时，两手由掌变拳，左手自左而下逆缠向右划弧、右手自右上向左下顺缠划弧在胸前两臂合劲交叉，左拳置于右前臂上，左手在内，右手在外，拳心皆向内；目视左前方。（图4-237）

图 4-236    图 4-237

动作五：腰微右转，右腿屈膝全蹲，左脚脚尖翘起，以脚跟贴地向左侧铲出，上身随之微左移，右膝里扣，落胯合裆，下沉跌叉，臀部、右膝里侧与左腿后侧一齐贴地；同时，右拳逆缠经面部向右上方划弧举起，拳心向头部方向，略高于头；左拳顺缠贴腹向左下划弧再转臂随左脚铲出向前穿伸，拳心向右上方，置于左腿上侧；目视左前方。（图4-238、图4-239、图4-239附图）

图 4-238

图 4-239　　　　　　　　　　图 4-239 附图

要点解析：

"摆脚跌叉"原为两势，"摆脚"一势，"跌叉"又是一势。两势合为一势，是"天然照应"。此势具有前踢、横击、震脚、蹬敌连续进攻之势。拳歌曰："右脚一摆已难猜，又为两翼落尘埃。不是肩肘能破敌，一足蹬倒凤凰台。"

"摆脚"，拳谱称为"变格"。脚在下，前踢、后蹬谓之"正格"；脚抬起横运击人，故称谓"变格"。拳歌曰："一木能支广厦倾，先置死地后求生，任他四面来攻击，怎挡右腿一剑横。"

"跌叉"，也是"身入重险，难莫甚也"之境况下，"一脚蹬出以解其围"，此称"绝处逢生自不难，解围即在一蹬中"。

此势之要，"摆脚"以刚为要，击之必倒，让敌胆寒。"跌叉"，以脚前蹬为主，并以左手前伸助之。此为"上惊下取君须记，盘根之中伏下意"。

第四十四式　金鸡独立

动作一：右脚蹬地向前起身，腰微左转，左腿屈膝前弓，右腿蹬伸，重心移于左腿；同时，右拳下落于右胯侧，拳心向内；左拳随重心左移向前方钻伸，拳心向右，拳眼向上，高与鼻平；目视前方。（图 4-240、图 4-241）

图 4-240

图 4-241

动作二：重心完全移于左腿，左脚陡然蹬地起身，右脚随重心前移上步，落于左脚内侧，前脚掌虚着地，身体微左转下蹲；同时，左拳顺缠向左、向里划弧下落腹前，拳心向右上方；右拳顺缠随重心前移走下弧线穿过左臂内侧上举胸前，拳心向内；目视前方。（图4-242）

图 4-242

动作三：腰微左转，左脚继续蹬地起身，左腿独立支撑，右腿屈膝向上提顶；同时，两拳变掌，右手顺缠经面前向右上方穿伸外展，掌心斜向右上方，指尖斜向左上方；左手逆缠向左胯外侧撑按，掌心向下；右膝随两手展开也顺缠外展；目视前方。（图4-243、图4-244）

图 4-243 　　　　　　　　　　图 4-244

要点解析：

"金鸡独立"为偏运身法。此势以单腿独立，以膝上行，顶敌之肾子，以手掌上擎冲敌承浆下骨，两处皆人要害处，不可轻用。

拳歌曰："不到真难休使用，此着不但令人哭。狂夫不识其中苦，管令一日废餐物。"

第四十五式　金刚捣碓

动作一：身体微下沉，左腿屈膝下蹲，右脚随之下落震脚；同时，两手左顺、右逆缠随震脚下按，分置膝两侧，力在掌根，掌心皆向下，指尖皆向前；目视前方。（图4-245）

动作二：身微下沉，腰向左转，重心微左移；同时，两手左顺、右逆缠向左侧掤起，掌心皆向下，指尖皆向左，高与肩平；目视左前方。（图4-246）

图　4-245　　　　　　　　　　图　4-246

动作三：腰向右转，重心移于右腿，随即左脚提起，成右独立势；同时，两手旋腕转臂变左逆、右顺缠随转体向右平捋，掌心向外，指尖斜向左；目视左前方。（图4-247）

图　4-247

328

第四章　陈式太极拳精练拳四十六式

动作四：松腰落胯，右腿屈膝下蹲，左脚随之松落，以脚跟贴地向左前方铲出，重心落于右腿；同时，两手转臂翻掌向右后上方划弧伸展，置于右肩侧，右手与头平，左手在右胸前，掌心皆向外，指尖皆斜向上；目视左前方。（图 4-248、图 4-249）

图　4-248　　　　　　　　　图　4-249

动作五：腰向左转，左腿外旋屈膝前弓，脚尖外撇，右腿内旋向后伸蹬，重心渐渐移于左腿；同时，左手从右向左沿下弧线向左前方伸挤，掌心向前下方，指尖向右；右手向后下方划弧伸撑，掌心向后下方；目视左手方向。（图 4-250）

图　4-250

329

动作六：腰微左转，重心完全移于左腿，左脚蹬地起身，右脚随势上步，前脚掌虚着地，松胯屈膝下蹲；同时，右手随右脚上步前撩，掌心向前，指尖向下；左手顺缠向里合于右臂肘窝上，掌心向内，指尖向右；平视前方。（图4-251）

图 4-251

动作七：松腰落胯重心下沉，左脚踩实蹬地起身，右腿随势屈膝上提，重心完全落于左腿，成左独立势；同时，右掌变拳，顺缠屈肘上提至胸前，拳心斜向上；左手逆缠向下落于腹前，掌心向上，指尖向右，右拳、左掌上下相对；随即周身放松，重心下沉，拳随身，身随势，右脚松落，平面震脚，两脚与肩同宽；右拳随右脚下落落于左掌内，形成上下合击，叠合于腹前；目视前方。（图4-252—图4-254）

要点解析：
与第二式"金刚捣碓"相同。

图 4-252

图　4-253　　　　　　　　　　图　4-254

第四十六式　收势

动作一：身体缓缓起立，重心缓缓上移；同时，右拳变掌，随体起立两手顺缠向两侧分开划弧高举，置于头顶两侧，掌心向内，指尖向上；目视前方。（图 4-255）

图　4-255

动作二：重心缓缓下沉，两手随即屈肘转臂逆缠向里经面前向下划弧，随体下沉松落于左右胯两侧；同时，重心移于右腿，左脚提起收于右脚旁，身体缓缓直立；两手自然下垂，掌心皆向里，指尖皆向下，恢复无极势；内气沉入丹田，两目微闭，收视返听。（图4-256、图4-257）

图 4-256 　　　　　　　　图 4-257

要点解析：

"收势"一丝不可马虎，身桩要端然恭立，合目息气，"心中一物无所著，一念无所思"。此为"归根复命，团阴阳为一，而还于天"。

精练拳四十六式，以"拳架规矩""拳走低架""拳势型美"三大特点在国内、国际太极拳大赛中受到好评，近两年来先后荣获几十个奖项。学者应从"规矩"入手，细心揣摩此拳"十六字诀"，即"低架舒展，腰腹螺旋，轻灵圆活，神韵内含"。谨审其意，日久自悟。切记："学贵有恒，躬行为难。"

扫码看视频

图书在版编目（CIP）数据

陈式太极拳内功心法 / 王永其著. -- 北京：人民体育出版社, 2011 (2022.8重印)
ISBN 978-7-5009-3849-1

Ⅰ.①陈… Ⅱ.①王… Ⅲ.①陈式太极拳—基本知识 Ⅳ.①G852.11

中国版本图书馆CIP数据核字(2022)第122059号

*

人民体育出版社出版发行
环球东方（北京）印务有限公司印刷
新 华 书 店 经 销

*

787×1092　16开本　22印张　372千字
2011年4月第1版　2022年8月第7次印刷
印数：34,001—35,500册

*

ISBN 978-7-5009-3849-1
定价：65.00元

社址：北京市东城区体育馆路8号（天坛公园东门）
电话：67151482（发行部）　　邮编：100061
传真：67151483　　　　　　　邮购：67118491
网址：www.psphpress.com
（购买本社图书，如遇有缺损页可与邮购部联系）